ラクラク覚える 英会話

ローマの休日

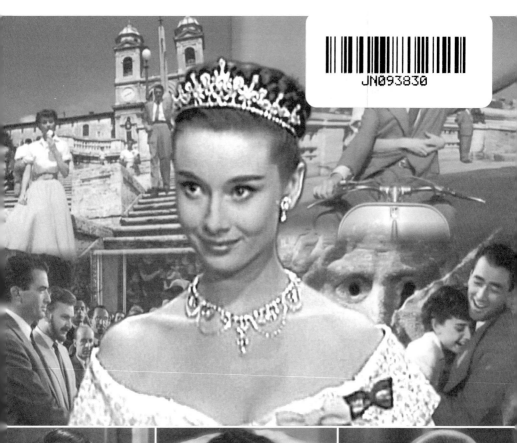

JN093830

名作映画で英会話編集室 編

目次

CONTENTS

ちょっと一息
Intermission

本書の活用ポイント

本書は、映画『ローマの休日』の登場人物たちの会話をテキストとして、英会話を学習していただくための教材書籍です。ここでは本書を効果的に活用していただくためのポイントを紹介します。

DVDのチャプターに対応して、20の章に分けて構成しています。

▲DVDの
　チャプター画面

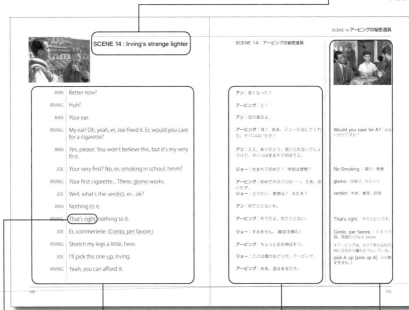

SCENE 14 : Irving's strange lighter

ANN	Better now?
IRVING	Huh?
ANN	Your ear.
IRVING	My ear? Oh, yeah, er, Joe fixed it. Er, would you care for a cigarette?
ANN	Yes, please. You won't believe this, but it's my very first.
JOE	Your very first? No, er, smoking in school, hmm?
IRVING	Your first cigarette... There, gismo works.
JOE	Well, what's the verdict, er... ok?
ANN	Nothing to it.
IRVING	That's right, nothing to it.
JOE	Er, commerierie. (Conto, per favore.)
IRVING	Stretch my legs a little, here.
JOE	I'll pick this one up, Irving.
IRVING	Yeah, you can afford it.

SCENE 14 : アービングの秘密道具

アン	良くなった？
アービング	え？
アン	耳の具合よ。
アービング	耳？ ああ、ジョーが治してくれた。タバコはいかが？
アン	ええ、ありがとう。信じられないでしょうけど、タバコは生まれて初めてよ。
ジョー	生まれて初めて？ 学校は禁煙？
アービング	初めてのタバコか……。さあ、点いたぞ。
ジョー	どうだい、感想は？ 大丈夫？
アン	何てことないわ。
アービング	そうだよ、何てことない。
ジョー	すみません。（勘定を頼む）
アービング	ちょっと足を伸ばそう。
ジョー	ここは僕のおごりだ、アービング。
アービング	ああ、金はあるだろ。

Would you care for A? : Aはいかがですか？

No Smoking :（掲示）禁煙

gismo : 仕掛け、からくり

verdict : 判断、意見、評価

That's right. : そのとおりだ。

Conto, per favore. : イタリア語。英語の Check, please
＊アービングは、カメラを仕込んだために玉から離れようとしている。

pick A up [pick up A] : Aの勘定を支払う

『ローマの休日』の中で、俳優たちは実際になんと言っているのか、登場人物ごとに劇中のセリフを左ページにすべて収録しています。

文法に忠実に訳した全訳（直訳）を右ページに掲載しています。英文解釈の練習にも適しています。

ポイントとなる単語や熟語には、波下線をつけています。

左ページの波下線がついた単語や熟語の意味を、劇中の会話に沿って分かりやすく解説しています。

4

DVDの使用方法

本書付属の DVD は、映画全体を 20 のチャプターに区切りました。
3 つの字幕パターン（通常日本語字幕・全訳日本語字幕・英語字幕）
が用意され、段階的に英会話の学習を進めることができます。

メニュー画面に表示される「字幕 ON」「英語字幕 ON」「全訳字幕 ON」「字幕 OFF」を選択することで、自分にあった字幕のパターンを選ぶことができます。

▼ 「字幕ON」を選んだ場合

限られた時間内で、会話の内容を理解できるように簡潔に翻訳が行われています。

▼ 「全訳字幕ON」を選んだ場合

登場人物が喋る英語の文章を忠実に訳しています。詳細な部分まで会話の内容が分かります。

▼ 「英語字幕ON」を選んだ場合

実際に登場人物が話している言葉が英語で表示されます。字幕に合わせて喋れば発音の練習になります。

▼ 「字幕OFF」を選んだ場合

字幕はいっさい表示されないので、リスニングの訓練になります。

SCENE 1 : Welcome to Rome, the Eternal City

News Commentator	*"Paramount News" brings you a special coverage of Princess Ann's visit to London. The first stop on her much publicized goodwill tour of European capitals. She gets a royal welcome from the British, as thousands cheer the gracious young member of one of Europe's oldest ruling families. After three days of continuous activity and a visit to Buckingham Palace, Ann flew to Amsterdam, where Her Royal Highness dedicated the new International Aid Building and christened an ocean liner. Then went to Paris, where she attended many official functions designed to cement trade relations between her country and the Western European nations. And so to Rome, the Eternal City, where the Princess' visit was marked by a spectacular military parade, highlighted by the band of the crack Bersaglieri Regiment. The smiling young Princess showed no sign of the strain of the week's continuous public appearances. And at her country's Embassy that evening, a formal reception and ball, in her honor, was given by her country's Ambassador to Italy.*
M.C. (Master of Ceremonies)	Sua Altezza Reale, Her Royal Highness.

SCENE 1：永遠の都、ローマへようこそ

ニュース解説者："ニュース速報" アン王女のロンドンご訪問について、特集ニュースをお届けします。王女の親善訪問がおおいに話題を呼んでいますが、ロンドンはその最初の首都です。王女はイギリス国民から盛大に歓迎されました。欧州の由緒ある王家の若き王女の麗しいお姿に、何千もの歓声が沸き上がります。バッキンガム宮殿をご訪問し、3日間にわたるご公務を終えられたあと、王女は空路アムステルダムへ向かいます。ここでは、国際援助ビルの落成式と外国航路船の進水式に列席されました。その後はパリへ移動し、そこでも多くの公式行事に出席され、母国と欧州各国の貿易関係の絆を深めました。 そして永遠の都、ローマへ向かいます。王女のご来訪は華やかな軍事パレードでもてなされました。ハイライトは一流のベルサリエーリ連隊による演奏です。連日のご公務にもかかわらず笑顔で応じる王女に、お疲れの様子は見られません。その晩は母国の大使館で、公式の歓迎舞踏会が駐イタリア大使によって開かれました。

司会者：王女妃殿下のお出ましです。

*パラマウント・ニュース（Paramount News）は、1912年にアドルフ・ズーカーが設立したアメリカ映画会社 Paramount Pictures によって作られていたニュース映画の名称。当時は、映画を上映する前にニュースを流すことが慣例であった。

coverage：（ニュースの）報道、放送

publicize：〜を公表する、広告［宣伝］する

goodwill：親切、好意、親善

as：〈強意の副詞〉〜ほどの

ruling：統治［支配］する

continuous：（時間・空間的に）連続［継続］的な

flew：fly の過去形

, where：〈非制限用法の関係副詞〉そしてそこで

dedicate：献身する、（新築の公共建築物などを）開所する

christen：命名する、〜を初めて使う

attend：出席する、参列する

cement：（友情などの）絆

mark：〜に印［跡］をつける、（行事を）祝う

spectacular：みごとな、豪華な

highlight：〈動詞〉強調する。〈名詞〉（ニュース・出来事などの）ハイライト。

Bersaglieri Regiment：1836年に創設されたイタリア歩兵隊。

strain：緊張、重い負担

Embassy：大使館、大使官邸

reception：（正式の）歓迎会

ball：（正式の）大舞踏会。have (oneself) a ball で「おおいに楽しむ」。

in one's honor：（人に）敬意を表して、記念して

Ambassador：（〜駐在の）大使

Her Royal Highness：アン王女の尊称。まずイタリア語で Sua Altezza Reale と言ったあとに、英語で言い換えている。

M.C.	His Excellency, the Papal Nuncio, Monsignor Altomonte.
ANN	Eccellenza, piacere di conoscerLa.
ALTOMONTE	Grazie della bonta di vostra Altezza Reale... grazie.
M.C.	Sir Hugo Macey de Farmington.
ANN	Good evening, Sir Hugo.
HUGO	Good evening, Your Royal Highness.
M.C.	His Highness, The Maharajah of Kalipur, and The Rajkumari.
ANN	I'm so glad that you could come.
MAHARAJAH	Thank you, madam.
M.C.	Freiherr Erika Messingfroner, Berngton.
ANN	Guten Abend.
M.C.	Prince Istvan Barlossy Nagyavaros.
ANN	How do you do?
M.C.	Ihre Hoheit der Furst und die Furstin von und zu Lichtenstichenholz.
ANN	Guten Abend.
ANN	Freut mich sehr.

司会者：アルトモンテ教皇大使閣下。

アン：閣下、お目にかかれて光栄です。

Piacere di conoscerLa.：イタリア語。英語の Pleasure to meet you.「お会いできて光栄です。」

教皇：ありがとうございます、妃殿下。

grazie：イタリア語。英語の thank you。

司会者：ヒューゴ・マーセー・デ・ファーミントン卿。

Sir：〜卿。姓だけには用いない。

アン：ごきげんよう、ヒューゴ卿。

ヒューゴ卿：ごきげんよう、妃殿下。

司会者：カニプールのマハラジャ、ラジクマリご夫妻。

アン：おいでくださって光栄です。

I'm so glad that you could come.：非常にていねいな表現。カジュアルな表現は Thank you for coming.

マハラジャ：ありがとうございます、王女様。

司会者：ベルントンのフリヘル・エリック卿。

アン：ごきげんよう。

Guten Abend.：ドイツ語。英語の Good evening.

司会者：イスバル・バロシー王子。

アン：はじめまして。

How do you do?：〈初対面のあいさつ〉初めまして。答える時も How do you do?

司会者：リヒテンシュティッヘンホルツ公爵ご夫妻。

Ihre Hoheit：ドイツ語で「陛下、殿下」。

der Furst und die Furstin：ドイツ語で「公爵夫妻」。

アン：ごきげんよう。

アン：光栄です。

Freut mich sehr.：ドイツ語。英語の I am very happy.

M.C.	Sir Hari Singh and Khara Singh.
M.C.	The Count and Countess von Marstrand.
ANN	Good evening, Countess.
ANN	Good evening.
M.C.	Senor et Senora Joan de Camões.
ANN	Good evening.
M.C.	Hassan El Din Pasha.
ANN	How do you do?

ちょっとひと息 Intermission

『ローマの休日』に登場した名所旧跡 ①

①ブランカッチョ宮殿 (6〜20頁)

舞踏会とアン王女の寝室のシーンで使われた場所です。

サルヴァトーレ・ブランカッチョと、その妻のメアリー・エリザベートの依頼によって、1880年から1885年にかけて建設されました。

各部屋は、それぞれ彫刻、絵画やタペストリーなどの豪華な装飾で彩られています。

現在は、オリエント博物館が併設され、東洋の芸術作品を展示しています。一部の建物は、イベント会場や結婚式場として使用されることがあります。

司会者：ハリ・シン、カラ・シンご夫妻。

司会者：マーストランド伯爵ご夫妻。

アン：ごきげんよう。

アン：ごきげんよう。

司会者：ジョアン・デ・カモーシュご夫妻。

アン：ごきげんよう。

司会者：ハッサン・エル・ディン・パシャ卿。

アン：はじめまして。

Count：〈英国以外のヨーロッパ諸国で〉伯爵。英国の伯爵は earl。
Countess：伯爵夫人、女伯爵

＊舞踏会のシーンでは本物の貴族が出演したと言われている。

②バルベリーニ宮殿 （20頁）

アン王女がトラックの荷台に乗って、大使館から抜け出すシーンにこの宮殿の門が登場します。

ウルバヌス8世（フィレンツェのバルベリーニ家出身）の命で、1600年代に活躍した建築士3人（カルロ・マデルノ、ジャン・ロレンツォ・ベルニーニ、フランチェスコ・ボッロミーニ）によって、建設されました。

現在は、国立古典絵画館として、ラファエロやカラヴァッジョなどの絵画を中心とした美術が展示されています。

11

SCENE 2 : The unknown face of Princess

ANN	I hate this nightgown. I hate all my nightgowns, and I hate all my underwear too.
COUNTESS	My dear, you have lovely things.
ANN	But I'm not two hundred years old. Why can't I sleep in pajamas?
COUNTESS	Pajamas!
ANN	Just the top part. Did you know there are people who sleep with absolutely nothing on at all?
COUNTESS	I rejoice to say that I did not.
ANN	Listen!
COUNTESS	Oh, and your slippers! Please put on your slippers and come away from the window. Your milk and crackers.
ANN	Everything we do is so wholesome.
COUNTESS	They'll help you to sleep.
ANN	I'm too tired to sleep... can't sleep a wink.

SCENE 2：王女様の知られざる素顔

アン：このネグリジェ、大嫌い。嫌いなネグリジェばかり。下着も全部嫌いだわ。

hate：憎む、嫌悪する。対義語はlove。

伯爵夫人：お嬢様、ステキなお召しものですよ。

アン：200歳のおばあさんじゃないわ。なぜパジャマで寝ちゃいけないの。

I'm not two hundred years old.：「私はまだ若い。」ということを、大げさに表現している。

伯爵夫人：パジャマなんて！

アン：それも上着だけを着るの。寝る時に何も身に着けない人がいるって知ってた？

absolutely：〈否定語を伴って〉全然
at all：〈否定文で用いて〉少しも、全然
rejoice：うれしく思う、喜ぶ。be glad や be pleased などに比べて文語的である。

伯爵夫人：幸いそのようなことは存じませんでした。
アン：何か聴こえる。

伯爵夫人：まあ、スリッパも履かないで。スリッパを履いて窓から離れてください。ミルクとクラッカーを。

put on：（服などを）身につける
come away from：（ある場所から）離れる
＊欧米では就寝前、子どもにミルクを与える習慣がある。アンがまだ子どもっぽいことを示している。
wholesome：健康に良い

アン：やることすべてが健康に良いことね。

伯爵夫人：これでよく眠れますよ。

help 人 to do：（人が）〜するのを助ける［手伝う］

アン：疲れすぎて眠れない。一睡もできないと思うわ。

too ... to do：〜するには…すぎる

COUNTESS	Now, my dear, if you don't mind, tomorrow's schedule, or "schedule", whichever you prefer. Both are correct. 8:30, breakfast here with the Embassy staff. Nine o'clock, we leave for the Polinari Automotive Works, where you'll be presented with a small car.
ANN	Thank you.
COUNTESS	Which you will not accept.
ANN	No, thank you.
COUNTESS	10:35, inspection of Food and Agricultural Organization will present you with an olive tree.
ANN	No, thank you.
COUNTESS	Which you will accept.
ANN	Thank you.
COUNTESS	10:55, the New Foundling Home for Orphans. You will preside over the laying of the cornerstone, same speech as last Monday.
ANN	Trade relations.
COUNTESS	Yes.
ANN	For the orphans?
COUNTESS	Oh, no, no, the other one.
ANN	"Youth and progress".

伯爵夫人：それならお嬢様、よろしければ明日の"シェジュール"の確認を。または"スケジュール"。お好みのほうで結構ですよ。どちらも正しい発音ですから。8時30分、大使館員とここで朝食。9時、ポルナリ自動車工場に出発。小型自動車が贈呈されます。

prefer：の方を好む。prefer A to B で「B より A を好む」。

leave for：（〜に向かって）去る、出発する

アン：光栄です。

伯爵夫人：ご辞退なさってください。

which：〈非制限用法の関係代名詞〉前文の where you'll be presented with a small car. を受けている。

アン：結構です。

伯爵夫人：10時35分、農業団体の視察。オリーブの木が贈呈されます。

inspection：（公的または正式の）検査、調査、視察
agricultural：農業の
organization：組織体、団体

アン：結構です。

伯爵夫人：これはお受け取りください。

アン：光栄です。

伯爵夫人：10時55分、新設の児童養護施設を訪問。定礎式の主宰者として、先週の月曜日と同じスピーチをいたします。

preside：（会などを）主宰する
laying：他動詞 lay「〜を横たえる」の ing 形で lay-laid-laid-laying と語形変化する。ちなみに自動詞 lie「横たわる」の語形変化は lie-lay-lain-lying。
(the) same ~ as...：…と同じ〜
trade：貿易、通商、商業
relation：関係、交渉

アン：貿易関係の時のね。

伯爵夫人：そうです。

アン：子どもたちに？

orphan：親や身寄りのない子ども

伯爵夫人：あらイヤだ。違うほうです。

アン："若者と未来"。

progress：前進、進歩

COUNTESS	Precisely. 11:45, back here to rest. No, that's wrong. 11:45, conference here with the press.
ANN	"Sweetness and decency".
COUNTESS	One o'clock sharp, lunch with the Foreign Ministry. You will wear your white lace and carry a bouquet of very small pink roses. 3:05, presentation of a plaque. 4:10, review special guard of Carabiniere Police. (4:45, back here to change to your uniform to meet the international...)
ANN	How do you do? Charmed. So happy. Stop! Stop, stop, stop!
COUNTESS	It's all right, dear, it didn't spill.
ANN	I don't care if it's spilled or not. I don't care if I drown in it.
COUNTESS	My dear, you're ill. I'll send for Doctor Bonnachoven.
ANN	I don't want Doctor Bonnachoven. Please let me die in peace.
COUNTESS	You're not dying.
ANN	Leave me! Leave me!
COUNTESS	It's nerves. Control yourself, Ann.
ANN	I don't want to!
COUNTESS	Your Highness! I'll get Doctor Bonnachoven.

伯爵夫人：そのとおりです。11時45分、ここに戻って休憩。いいえ、違いました。11時45分、ここで記者会見です。

アン："優しさと礼節" ね。

伯爵夫人：きっかり1時に外務官と昼食。白いレースのドレスを着て、ピンク色の小さなバラのブーケを着けます。3時5分、記念額の贈呈。4時10分、カラビニエーレ特別警察部隊の視察。（4時45分、ここに戻って着替えてから、国際……。）

アン：はじめまして。光栄ですわ。やめて！やめてったら、やめて！

伯爵夫人：大丈夫です、こぼれませんでした。

アン：こぼれたって気にしない。水浸しになったっていいわ。

伯爵夫人：お嬢様、ご気分がすぐれないんですね。バンノックホーベン医師を呼びにやりましょう。

アン：先生なんか呼ばないで。お願いだから安らかに死なせて。

伯爵夫人：死んだりしませんよ。

アン：いいから放っておいて！

伯爵夫人：興奮しないで。落ち着いてください。

アン：イヤよ！

伯爵夫人：王女様！ バンノックホーベン医師を呼んできます。

---

precisely：〈同意の返事〉まさにそのとおり。類義語は exactly。
rest：休憩、休養
conference：（特に年1回開催の）会議、会見
decency：礼儀正しいこと
sharp：時間きっかりに。類義語は precisely。
the Foreign Ministry：外務省
presentation：贈呈、進呈
Carabiniere：軍務を兼ねる特殊警察部隊の名称。

Charmed.：I'm charmed to see you. で「お目にかかれてうれしく存じます。」I'm pleased to see you. よりも丁寧な表現。
all right：無事で、元気で。
spill：こぼれる
care：(〜かどうか）気にする、かまう

ill：病気の、気分［かげん］が悪い。対義語は well。
send for：〜を呼びに［取りに］行かせる
let 人 do：(人に）〜させてやる、許す
peace：安心、平穏、無事
dying：die「死ぬ」の ing 形
leave：無視する、ほうっておく

ANN	It's no use. I'll be dead before he gets here.

DOCTOR	She's asleep.
COUNTESS	She was in hysterics three minutes ago, Doctor.
DOCTOR	Are you asleep, ma'am?
ANN	No!
DOCTOR	I'll only disturb Your Royal Highness a moment, ah?
ANN	I'm very ashamed, Doctor Bonnachoven. I... suddenly I was crying.
DOCTOR	Humph. To cry... a perfectly normal thing to do.
GENERAL	It most important she be calm and relaxed for the press conference, Doctor.
ANN	Don't worry, Doctor. I... I'll be calm and relaxed and I... I'll bow and I'll smile and... I'll improve trade relations and I, and I will...
COUNTESS	There she goes again. Give her something, Doctor, please.
DOCTOR	Uncover her arm, please, hmm?
ANN	What's that?

アン：無駄よ。先生が来るころには死んでるわ。

医者：眠ってる。

伯爵夫人：先生、3分前はヒステリー状態だったんですよ。
医者：おやすみですか、お嬢様？

伯爵夫人：全然！

医者：王女様、少々失礼いたしますよ。

アン：とっても恥ずかしいわ、バンノックホーベン先生。私……急に泣き出したりして。

医者：泣くのはいたって正常なことですよ。

将軍：記者会見を控えているのですから、お気を静めていただかないと。

アン：心配しないで、先生。落ち着いて肩の力を抜くわ。それに……会釈をして微笑んで、貿易関係を促進して、それから……。

伯爵夫人：また始まったわ。先生、何とかしてください。

医者：袖をまくってください。

アン：それは何？

---

no use：役に立たない、無益で
dead：死んだ、生命を失った、（植物が）枯れた。対義語は alive, living。

be in：〜の状態で
hysterics：ヒステリー
ma'am：〈主にアメリカで〉奥様、お嬢様。〈英国で〉女王［王女］様。

disturb：妨げる、じゃまする

ashamed：恥じて、恥ずかしい

to：〈名詞的用法〉〜すること

calm：平静な、落ち着いた
bow：おじぎする、会釈する

There 人 go again.：ほら、また始まった。there は文頭に用いて感嘆詞的に「そら、ほら」といった意味。

DOCTOR	Sleep and calm. This will relax you and make Your Highness feel a little happy. It's a new drug, quite harmless. There.
ANN	I don't feel any different.
DOCTOR	You will. It may take a little time to take hold. Just now, lie back, huh?
ANN	Can I keep just one light on?
DOCTOR	Of course. Best thing I know is to do exactly what you wish for a while.
ANN	Thank you, Doctor.
COUNTESS	Oh, the General! Doctor, quick!
GENERAL	I'm perfectly all right. Good night, ma'am.
DOCTOR	Good night, ma'am.
ANN	Good night, Doctor.

ちょっとひと息 Intermission

『ローマの休日』に登場した名所旧跡 ②

③共和国広場 (20頁)

　アン王女がトラックの荷台から降りた場所です。別名「エゼドラ広場」とも呼ばれます。この広場はロータリーになっており、交通量がとても多いです。

　広場の中央には、4人の妖精が取り囲む「ナイアディの噴水」があります。

医者：よく眠るためのお薬です。ご気分が楽になりますよ。新しいお薬です。害はほとんどありません。ほらね。

make 人 feel ~：（人を）～の感じにする、～と感じさせる

アン：何も変わらないわ。

医者：少し時間がかかるかもしれませんが、効いてきますよ。今は横になってください。

It takes 人 時間 to do：（人が）～するのに（時間）を要する

アン：明かりをひとつだけつけたままにしていい？

Can I ~？：〈許可〉～してもいい？ May I ～？よりもくだけた言い方。

医者：もちろんです。しばらくの間はお望みどおりにするのが一番です。

of course：〈相手の質問に対する強い肯定〉もちろん
for a while：しばらくの間

アン：ありがとう、先生。

伯爵夫人：まあ、将軍が！ 先生、急いで！

General：将軍

将軍：私なら心配ご無用です。おやすみなさい、お嬢様。
医者：おやすみなさい、お嬢様。

アン：おやすみなさい、先生。

④フォロ・ロマーノ/セプティミウス・セウェルス凱旋門（24頁）

　アン王女とジョーが出会った場所です。アン王女は、ここの遺跡の１つである、「セプティミウス・セウェルス凱旋門」のそばで眠っていました。

「全ての道はローマに通ず」という言葉が生まれた場所でもあります。数多くの凱旋門や神殿跡が残っています。

SCENE 3 : An odd drunkard!?

MAN A	Bet five hundred.
JOE	Five hundred. How many?
IRVING	One.
MAN A	I'll take one.
MAN B	Three.
MAN C	Four, boy
JOE	Two for papa.
MAN A	Five hundred more.
JOE	Without lookin'.
IRVING	Five hundred, and er... raise you a thousand.
MAN A	Two pairs.
JOE	Oh, well, I got three shy little sevens.

SCENE 3：風変わりな酔っぱらい!?

男Ａ：500賭ける。

bet：賭ける

ジョー：500。何枚だ？

アービング：1枚。

男Ａ：俺も1枚。

男Ｂ：3枚。

男Ｃ：ちぇっ、4枚だ。

ジョー：親に2枚。

男Ａ：もう500。

ジョー：乗った。

アービング：500……いや、あと1000賭けよう。

男Ａ：ツーペア。

ジョー：僕は控えめに7のスリーカード。

IRVING	Er, a nervous straight. <u>Come home</u>, you fools. Now, look at that, six thousand five hundred... ah, not bad, that's ten <u>bucks</u>. Er, one more round and I'm gonna throw you <u>gents</u> right out in the snow. I got to get up early. Date with Her Royal Highness who will graciously pose for some pictures.
JOE	<u>What do you mean</u>, early? My personal invitation says 11:45.
MAN A	Couldn't be anything to do with the fact that <u>you're ahead</u>?
IRVING	It could.
JOE	Well, it <u>works out</u> fine for me. This is my last five thousand. And you hyenas are not gonna get it. Thanks a lot, Irving. See you at Annie's little party in the morning.
IRVING	Ciao, Joe. All right, a little seven card stud.
ANN	Sooooo... happy. How are you this evening?
JOE	Hey, hey, hey, hey! Hey, wake up!
ANN	Thank you very much, delighted.
JOE	Wake up.
ANN	Charmed.
JOE	Charmed too.

アービング：興奮のストレートだ。みんな、戻っ ておいで。見ろよ、6500ということは……10 ドルか。悪くないね。さて、もう1ラウンドやっ たら君たちを雪の中に放り出すぞ。明日の朝は 早いんだよ。王女様とデートして、優雅なポー ズを写真に収めなきゃ。

ジョー：早いってどういう意味だ？　僕の招待 状には11時45分とあったぞ。

男A：勝ち越してることと関係あるんじゃな いのか？

アービング：かもね。

ジョー：僕にはちょうどよかった。最後の5000リ ラは君たちハイエナには渡さないぞ。ありがとう、 アービング。明朝、アニーのパーティーで会おう。

アービング：じゃあな、ジョー。よし、セブン カード・スタッドだ。

アン：なんと幸せ……。今夜のご機嫌はいかが？

ジョー：おいおい、ちょっと！　おい、起きろ！

アン：ありがとう、光栄です。

ジョー：起きなさい。

アン：光栄ですわ。

ジョー：こちらこそ。

Come home.：賭けごとでよく 用いられる表現。

buck：ドル
＊buck には、元来「雄ジカ」の 意味があり、18世紀に商売の単位 だったことから、お金の意味も持 つようになった。

gent：gentleman の短縮形

What do you mean ~ ?：〈相手 の言葉を繰り返して〉～とは何だ？

be ahead：勝ち越している

work out：うまくいく、よい結 果となる

＊stud poker はトランプのスタッ ドポーカーのこと。カードを配る とき最初の1枚は伏せて、ほかは 表にして賭けながら配る方法。

ANN | You may sit down.

JOE | I think you'd better sit up. Much too young to get picked up by the police.

ANN | Police? 2:15 and back here to change. 2:45...

JOE | You know, people who can't handle liquor shouldn't drink it.

ANN | "If I were dead and buried and I heard your voice, beneath the sod my heart of dust would still rejoice." Do you know that poem?

JOE | Huh, what do you know? You're well-read, well-dressed... snoozing away in a public street. Would you care to make a statement?

ANN | What the world needs... is a return to sweetness and decency in the souls of its young men and...

JOE | Yeah, I er... couldn't agree with you more, but um... Get yourself some coffee, you'll be all right. Look, you take the cab. Come on, climb in the cab and go home.

ANN | So happy.

JOE | You got any money?

ANN | Never carry money.

JOE | That's a bad habit. All right. I'll drop you off, come on.

アン：かけてよろしい。

ジョー：起きなさい。警察に捕まるにはまだ若すぎるぞ。

アン：警察？　2時15分、ここに戻って着替え。2時45分……。
ジョー：いいか、酒に弱い人間は飲んじゃダメだ。

アン："たとえ死に葬られるも、そなたの声を聞かば、芝の下、ちりと化した私の心は、喜びにあふれん" この詩をご存じ？

ジョー：はん、驚いたね。きみは教養があって身なりもいい。なのに道端で居眠りとは。ご高説をお聞かせ願えるかな。

アン：世界に必要なのは……若者たちの心に優しさと礼節を取り戻すことです。

ジョー：ああ、きみの話はごもっともだが……。コーヒーを飲めば酔いがさめるよ。おい、タクシーに乗るんだ。早く、タクシーでお家に帰りなさい。

アン：幸せな……。

ジョー：金は持ってる？

アン：持ち歩かないの。

ジョー：悪い習慣だ。分かったよ。途中で降ろしてあげよう、さあ。

may：〈許可〉〜してよい。許可を表す助動詞は can が一般的で、may は改まった文体に限られる。
had better do：〜した方がいい

bury：埋める、埋葬する
beneath：〜のすぐ下に、の真下に。類義語は under。
sod：芝、芝土

well-read：博識の
well-dressed：身なりのよい
snooze：うたた寝する、居眠りする
statement：陳述、ひとつの意見

What：〈主語としての関係代名詞〉〜のは

agree with 人：（人に）同意する

carry：持っている、携える

drop 人 (off)：（人を）降ろす

ANN	It's a taxi!
JOE	Well, it's not the Super Chief.
DRIVER	Dove andiamo? Where are we going?

ちょっとひと息 Intermission

覚えておくと便利な表現

状況に応じた助動詞の使い方

　日本人は時、場所、状況に応じて敬語を使い分けますが、英語も同様です。表現法のひとつに助動詞があります。肯（否）定文では〈主語＋助動詞（not）＋動詞の原形〉、疑問文では〈助動詞＋主語＋動詞の原形〉の形で用いられます。
　次の2文を比べてみましょう。

《アンがバンノックホーベン先生に許可を求めるシーン》
☆ Can I keep just one light on?（20頁）
（明かりをひとつだけつけたままにしていい？）
《アンが初対面のジョーに許可を求めるシーン》
☆ May I have some?（36頁）
（私にもいただける？）

　can と may はどちらも「許可」を表す助動詞ですが、can はカジュアルな場面や親しい人に対してよく用いられます。may は公式の場面や初対面の人に対する丁寧な言い方ですが、今では主に手紙など文語的に使われ、会話では少々堅苦しいイメージを与えがちです。会話で丁寧に表現したいときは、could を用いる方がよいでしょう。
　Can I ...? で尋ねられ、「はい、どうぞ。」と答える場合は、Yes, of course（you

アン：タクシーだわ！

ジョー：ああ、スーパーチーフじゃない。

運転手：どちらまで？

the Super Chief：映画公開当時にアメリカに存在した高級旅客列車。

Dove andiamo?：イタリア語。英語の Where are we going?

---

can）./Yes, please（do）./Sure. など、逆に「～しないでください。」と答える場合は、I'm afraid you can't./I'm sorry, you can't. などといった表現も覚えておくと便利です。
　また、can は Can you ...? で「～してくれませんか？」という「依頼」を表します。

《アンがジョーにお金を借りるシーン》
☆ Can you lend me some money?（72頁）
（お金を貸してくださる？）
　Could you ...? を使うと丁寧に、さらに possibly を用いて Could you possibly ...? と言えばより丁寧になります。
　一方、can と may は否定文で「～してはいけない」という「不許可」を表しますが、「強い禁止」のときには must not を使います。
《ジョーがアンを酔っ払いと勘ちがいして注意するシーン》
☆ You know, people who can't handle liquor shouldn't drink it.（26頁）
（いいか、酒に弱い人間は飲んじゃダメだ。）
　ここでは、You must not handle ... と言わず、さらに第三者 people を主語にすることによって、アンを直接非難しないジョーの優しさが表れています。

SCENE 4 : "Where are we going?"

JOE	Where do you live?
ANN	Colosseum.
JOE	Now, come on, you're not that drunk.
ANN	You're so smart, I'm not drunk at all. I'm just being verrrrry haaaappy......
JOE	Hey, now, don't fall asleep again. Come on.
DRIVER	Per favore, signore, ho detto dove andiamo? Where are we... we going?
JOE	Lo diro in un momento dove fermare. Look, now where do you wanna go? Hmmm? Where shall I take you? Where do... where do... where do you live? Huh? Huh? Come on. Come on, where do you live? Come on, where do you live?
ANN	I... ohhhhh... Colosseum.
JOE	She lives in the Colosseum.
DRIVER	It's wrong address. Now look, signore, for me it is very late tonight. And mia moglie... my wife... I have three bambino, three bambino, ah... you know, bambino? My... my taxi go home, I... I go home er... to... together, signore...

SCENE 4：「お客さん、どちらまで？」

ジョー：家はどこだ？

アン：コロセウム。

ジョー：まさか、いい加減にしなさい。それほど酔ってないだろう。

アン：とてもご親切な方ね。私は全然酔ってないわ。ただ、とっても幸せな気分なの。

ジョー：おい、また寝ちゃダメだ。起きて。

運転手：お客さん、どちらまで？　どこに向かえばいいんだい？

ジョー：今聞いているから、ちょっと待ってくれ。ほら、行き先は？　なあ、きみをどこに連れていけばいい？　ほら、家だよ。家はどこだ？　ああ？起きろってば。どこに住んでる？　おい、どこなんだよ？

アン：ああ、うーん……コロセウム。

ジョー：コロセウムに住んでるそうだ。

運転手：おかしな住所だ。いいですか、だんな。もう夜も遅い。俺には妻が……3人のバンビーノがいる。バンビーノ、分かる？　俺のタクシーはもう家に帰る。だからみんな、家に帰ろう。だんな……。

come on：〈督促・懇願・説得・激励・挑戦・注意〉早く、さあ来い、いいかげんにしろ

smart：気の利いた、利口な

fall asleep：眠り込む

per favore：イタリア語。英語の please。

JOE | Via Margutta 51.

DRIVER | Via Margutta 51! Oh, molto bene!

DRIVER | Here is Via Margutta 51,Cinquantuno. I am very happy. Thousand lira, mila lire.

JOE | (Mille. Cinquemila.)

DRIVER | One, two, three, four mila.

JOE | Ok. Mille per te.

DRIVER | For me? Oh, grazie mille.

JOE | Ok, ok. Now look, take a little bit of that. Take her wherever she wants to go. Hmmm? Capito? Capito. Huh-ha, buona notte.

DRIVER | Good night. Buona notte. Oh! No, no, moment, moment, moment! No, no, no. No, no, no.

JOE | All right, all right. Look, as soon as she wakes up, see? She tell you where she want to go. Ok.

DRIVER | Moment, moment. My taxi is not for sleep, my taxi, no sleep. You understand? You understand?

JOE | Look, look, pal, this is not my problem, see? I never see her before. Huh? Ok.

ジョー：マルグッタ通り51へ。

運転手：マルグッタ通り51ですね！　了解！

運転手：マルグッタ通り51に着きましたよ。ああよかった。1000リラです。

ジョー：（1000リラね。5000リラで）

運転手：1、2、3……4000リラのお釣り。

ジョー：ああ。1000リラはチップだ。

運転手：いいのかい？　それはどうも。

ジョー：いいよ。そのついでに、ちょっとお願いがあるんだが。彼女を行きたい所に送ってやってくれ。いいか、分かったな？　じゃあおやすみ。

運転手：おやすみ。何だって？　いや、ちょっと待ってくれ。

ジョー：大丈夫だよ。いいかい、彼女が目覚めたら、行き先を告げるはずだ。

運転手：待って待って。俺のタクシーは寝る場所じゃない。タクシー、寝ちゃダメ。分かる？　分かるか？

ジョー：いいか、僕には何の関係もないんだ。彼女は見知らぬ他人でね。それじゃ。

molto bene：イタリア語。英語の very well。

＊リラ（lira）は、2002年まで使用されたイタリアの通貨で複数形はリレ (lire)。現在は「ユーロ」が使用されている。

grazie：イタリア語。英語の thanks。

capito：イタリア語。英語の understand。

as soon as：〜するとすぐに

pal：〈知らない人への呼びかけ〉あんた、君

DRIVER	Is not your problem, is not my problem. What you want? You don't want girl, yeah? Me don't want girl. Police! Maybe she want girl!
JOE	Stai calmo, stai calmo. Ok, ok, ok. Va bene, va bene.
ANN	So happy. So happy.

ちょっとひと息 Intermission

誰からも愛され続ける永遠の妖精

オードリー・ヘプバーン Audrey Hepburn

1929年5月4日、アイルランド系英国人の父親とオランダ王家直系の貴族だった母親のもとに生まれました。

10歳のときに両親が離婚するまでベルギーの首都ブリュッセルで育ちますが、母親は幼い娘を連れて劇場へ頻繁に通いました。オランダに移住後も厳しい戦況下でバレエのレッスンを受けさせました。これらの母親の教育がオードリーの美意識を確立したの

ヘップサンダル

でしょう。同時に、控えめに生きていくように諭し続けたのも母でした。他人に対して不遜な態度をとることが、オランダ貴族の流儀に反していたためです。道徳までも教えてくれた母親はオードリーにとって、生涯かけがえのない存在だったようです。

48年、単身英国ロンドンのバレエ学校に入学し、いくつかの舞台に出演します。51年、ブロードウェイ劇『ジジ』の原作者、コ

34

運転手：あんたに関係ない。俺にも関係ない。どうするんだい？ あんた、娘いらない。俺も娘いらない。警察だ！ 警察なら娘いるかも。

ジョー：落ち着いてくれ、騒ぐな。分かったよ、心配ない。

va bene：イタリア語。英語の all right。

- -

アン：とても幸せ。とても……。

『シャレード』（1963）

レット女史はオードリーを一目見て主役に大抜擢します。「私のジジを見つけたわ」という女史の言葉は有名です。そして『ジジ』での演技を観たウィリアム・ワイラーによって53年、『ローマの休日』の主役に選ばれ、ハリウッドデビューを果たしました。

その後も、『麗しのサブリナ』（54年）、『ティファニーで朝食を』（61年）、『シャレード』（63年）、『マイ・フェア・レディ』（64年）に出演しスター街道を突き進みます。出演した映画数は多くはありませんが、アカデミー賞、トニー賞、エミー賞、グラミー賞のすべてを獲得した数少ない俳優の一人です。

オードリーはファッションセンスも抜群でした。『ローマの休日』のヘップサンダルや『麗しのサブリナ』のサブリナ・パンツはオードリー自身が生み出したものです。5、6歳の頃からすでに着せ替え人形の服を自分で縫ったり、ファッション誌をめくっていたそうです。

一方、私生活では大女優でありながら家庭優先主義でした。度重なる流産の末、ようやく授かった息子ショーンにはこの上ない愛情を注ぎ、ローマへ移住してからはローマ以外での出演依頼を断るほどでした。晩年は奉仕活動に専念し、93年、この世を去りました。

生来の優雅さ、美貌、才能を兼ね備えながら、それらを少しも鼻にかけなかったオードリー。母親から学んだ控えめで家庭的な性格が、誰からも愛され続ける理由なのかもしれません。

SCENE 5 : Ann's very first experience!!

JOE | Out of my head.

ANN | Is this the elevator?

JOE | It's my room.

ANN | I'm terribly sorry to mention it, but the dizziness is getting worse. Can I sleep here?

JOE | That's the general idea.

ANN | Can I have a silk nightgown with rosebuds on it?

JOE | I'm afraid you'll have to rough it tonight. In these.

ANN | Pajamas!

JOE | Sorry, honey, but I haven't worn a nightgown in years.

ANN | Will you help me get undressed, please?

JOE | Er... ok. Er, there you are. You can handle the rest.

ANN | May I have some?

JOE | No! Now look...

SCENE 5：アン王女の初体験!!

ジョー：何やってるんだか。

アン：ここはエレベーター？

ジョー：僕の部屋だよ。

アン：失礼なことを言ってごめんなさい。でも、めまいがひどくなってきたわ。ここで寝ていいの？

ジョー：普通はそう思うだろうな。

アン：バラの刺しゅうのついた絹のネグリジェをいただける？
ジョー：悪いが今夜は不自由させるよ。これを着てくれ。
アン：パジャマだわ！

ジョー：残念ながら、長年ネグリジェは着てないんでね。

アン：脱ぐのを手伝ってくださらない？

ジョー：あー……いいよ。ああ……はい、どうぞ。あとは自分でできるだろう。
アン：私にもいただける？

ジョー：ダメだ！ おい、いいか……。

out of one's head：気が狂って

dizziness：めまい
worse：bad の比較級。bad の場合は go bad、get bad のいずれも言うが、worse の場合は go worse とは言わない。
general idea：一般的な概念

I'm afraid (that)：〈好ましくないことについて〉〜と思う。対義語は I hope (that)。
rough it：不便な生活をする

years：多年、非常に長い間

ANN   This is very unusual. I've never been alone with a man before, even with my dress on. With my dress off, it's most unusual. Hm, I don't seem to mind. Do you?

JOE   I think I'll go out for a cup of coffee. You'd better get to sleep. Oh, no, no. On this one.

ANN   So terribly nice.

JOE   These are pajamas. They're to sleep in. You're to climb into them. You understand? And you do your sleeping on the couch, see? Not on the bed, not on the chair, on the couch. Is that clear?

ANN   Do you know my favorite poem?

JOE   Ah, you've already recited that for me.

ANN   "Arethusa arose, from her couch of snows, in the Acroceraunian Mountains." Keats.

JOE   Shelley. You just keep your mind off the poetry and on the pajamas, everything will be alright, see?

ANN   It's Keats.

JOE   I'll be...it's Shelley. I'll be back in about ten minutes.

ANN   You have my permission to withdraw.

JOE   Thank you very much.

アン：とても珍しいことだわ。男の人と二人きりになったことはないの。洋服を着ていてもね。まして洋服を脱ぐなんてありえない。ふふ、私は気にならないわ。あなたは？

ジョー：僕はコーヒーを飲んでくる。きみはもう寝なさい。いや、ここじゃない、あっちだ。

アン：ご親切にありがとう。

ジョー：パジャマはこれ。これを着て寝るんだ。さっさと着替えろ。分かったか？　それからきみは長椅子で寝るんだ。ベッドでも椅子でもない、長椅子だぞ。いいな？

アン：私が一番好きな詩をご存じ？

ジョー：さっき聞かせてもらったよ。

アン："アレトゥサは雪の長椅子より立ち上がった、アクロサロニアの山々に囲まれて"キーツよ。

ジョー：シェリーだ。詩のことは忘れてパジャマに着替えろ。そうすれば楽になる。いい？

アン：キーツよ。

ジョー：僕は……それはシェリー。僕は10分ほどで戻る。
アン：もう下がってよろしい。

ジョー：それはどうも。

with A 補語：〈付帯状況〉Aを〜した状態で

＊ couch potato は、「いつもテレビを見ている人、カウチポテト」という意味である。

recite：〜を朗唱［朗読］する

Keats：キーツ（John Keats/1795〜1821）。イギリスのロマン派詩人。

Shelley：シェリー（Percy Bysshe Shelley/1792 〜 1822）。イギリスのロマン派詩人。

keep one's mind off：keep one's mind on「〜に専念する、集中する」の対義語。

poetry：（作品としての）詩。一編の詩は a poem。

＊詩「Arethusa」の作者はシェリー。ローマのスペイン階段沿いには「キーツ・シェリー博物館」がある。

permission：許可

39

AMBASSADOR	Well?
OFFICER	No trace, Your Excellency.
AMBASSADOR	Have you searched the grounds?
OFFICER	Every inch, Sir, from the attics to the cellar.
AMBASSADOR	I must put you on your honor not to speak of this to anyone. I must remind you that the Princess is the direct heir to the throne. This must be classified as top-crisis secret. Have I your pledge?
OFFICER	(Yes, sir.)
AMBASSADOR	Very well. Now we must notify Their Majesties.

ANN	So happy.
JOE	The pleasure is mine. Screwball !

ARTICLE	*"A SPECIAL EMBASSY BULLETIN REPORTS THE SUDDEN ILLNESS OF HER ROYAL HIGHNESS THE PRINCESS ANN."*
JOE	Holy smoke, the Princess' interview! Eleven forty-five! Oh, shhh... !

大使：どうだった？

将校：どこにもいらっしゃいません、閣下。

大使：庭も捜したか？

将校：はい、屋根裏から地下室までくまなく。

大使：このことは絶対に誰にも口外してはならぬぞ。王女様は直系の王位継承者であられることを忘れるな。このことは最重要機密として扱わねばならない。他言しないと誓うか？

将校：（かしこまりました）

大使：よろしい。では両陛下にご報告申し上げなければ。

アン：光栄ですわ。

ジョー：どういたしまして。変わった女だ！

記事："大使館からの臨時情報によれば、アン王女妃殿下は突然の病に倒れたとのこと"

ジョー：しまった、王女の記者会見が！ 11時45分だった！ 大変だ……！

Well?：それで、それから？

trace：跡、形跡

from A to B：AからBまで

must：〈強制〉〜しなければならない。否定語を伴うと、「〈禁止〉〜してはならない」。
pledge：堅く約束する、誓う

now：さて、ところで

The pleasure is mine.：こちらこそ、どういたしまして。It was a pleasure. /A pleasure. /(It's) my pleasure. とも言う。
screwball：奇人、変人
bulletin：掲示、速報

Holy smoke!：〈強い驚き・喜び・怒り〉ひゃっ、まあ。smoke は cow、mackerel、Moses、cats、shit でも言い換えられる。

SCENE 6 : The amazing fact for Joe

SIGN	*"AMERICAN NEWS SERVICE" ALL THE NEWS ALL THE TIME*
ARTICLE	*"Princess Ann Taken ILL; Press Interview Cancelled"*
STAFF	Hi, Joe.
SECRETARY	Good Morning, Joe.
JOE	Hello, honey.
SECRETARY	Mr. Hennessy has been looking for you.
JOE	Uh-oh. Thanks a lot, hon.
HENNESSY	Come in.
JOE	You've been looking for me?
HENNESSY	Just coming to work?
JOE	Who, me?
HENNESSY	We start our days at 8.30 in this office. We pick up our assignments...
JOE	I picked up mine last night.
HENNESSY	What assignment was that?

SCENE 6：衝撃的事実

看板：“アメリカ時報”あらゆるニュースをいつでもお届け

記事：“アン王女、急病により記者会見は中止”

be taken ill：病気になる。fall ill、become ill とも言う。

職員：やあ、ジョー。

秘書：おはよう、ジョー。

ジョー：やあ。

秘書：ヘネシーさんが捜してたわよ。

look for：〜を捜す、求める

ジョー：そりゃまずい。ありがとう。

hon：honey の短縮形。主に妻子、夫、恋人などへの呼びかけに用いる。

ヘネシー：入りたまえ。

come in：（家などに）入る

ジョー：お捜しですか？

ヘネシー：今ごろ出社したのか？

ジョー：誰が？　僕ですか？

ヘネシー：わが社の就業開始は8時半だぞ。割り当ての仕事を……。

assignment：（仕事などの）割り当て、任務

ジョー：昨夜もらいました。

ヘネシー：何の仕事だ？

JOE | The princess, 11:45.

HENNESSY | You've already been to the interview?

JOE | Why, sure. I just got back.

HENNESSY | Well, well, well... All my apologies. Er, this is very interesting.

JOE | Nah, just routine.

HENNESSY | Tell me, tell me, did she answer all the questions on the list?

JOE | Well, of course she did. I've got 'em right here, somewhere.

HENNESSY | Er, don't disturb yourself, I have a copy here. How did Her Highness react to the idea of a European Federation?

JOE | She thought it was just fine.

HENNESSY | She did?

JOE | Well, she thought that there'd be... two effects. The er, direct and the... indirect.

HENNESSY | Oh, remarkable.

JOE | Naturally, she thought that the indirect would not be as... direct... as the direct. That is, not right away. Later on, of course, well, nobody knows.

ジョー：11時45分からの王女の記者会見です。

ヘネシー：記者会見に行ってきたのか？

ジョー：ええ。今戻ったところです。

ヘネシー：おやおや、それはすまなかったな。実に興味深い。

ジョー：いつもと変わりませんよ。

routine：決まりきった仕事、慣例

ヘネシー：教えてくれ。王女はすべての質問に答えてくださったか？

ジョー：ええ、もちろんです。控えがここか……どこかにあるはずです。

got 'em：got them の短縮形

ヘネシー：煩わせる必要はない。コピーが手元にある。王女は欧州の連邦化について何と答えた？

Don't disturb yourself.：どうぞおかまいなく。Don't bother./ No bother. とも言う。
federation：連邦化、連邦政府

ジョー：いい案だと言ってました。

ヘネシー：そうか？

ジョー：ええ、それには……ふたつの効果があるともね。それは……直接効果と間接効果です。

remarkable：注目に値する

ヘネシー：素晴らしい。

as 形容詞 as A：Aほど［くらい］
〜

ジョー：当然のことですが、間接効果は直接効果ほど……直接的ではないと。つまり、すぐには効果が表れない。しばらく経ってからでないと誰にも分からないと。

HENNESSY Well, well, well. That was a shrewd observation. They fool you, you know, these royal kids. They've got a lot more on the ball than we suspect. How did she feel about the future friendship of nations?

JOE Youth. She felt that, er, the youth of the world must lead the way to a better... world.

HENNESSY Hmm-hmm. Original. Er, by the way, what was she wearing?

JOE Oh, you mean what did she have on?

HENNESSY Well, that's usually what it means. Er, what's the matter, is it a little warm in here for you?

JOE No no. I just hurried over here.

HENNESSY Oh, naturally, with a story of these dimensions. Did you say she was wearing gray?

JOE No, I didn't say that.

HENNESSY Well, she usually wears gray.

JOE Oh, well, er, it was a... kind of a gray.

HENNESSY Oh, I think I know the dress you mean. It has a gold collar around the neck.

JOE That's the one, that's the one. Yeah, I didn't know exactly how to describe it but that's it, yeah.

ヘネシー：なるほどな。賢明なご意見だな！王家の子女はな、煙に巻くのがうまいんだ。我々が思うよりずっと機転が利く。国家間の今後の友好関係については何と？

ジョー：若者です。世界中の若者が……先頭に立ってより良い世界を……作っていくべきだと。

ヘネシー：ふむ。独創的だ。あー、ところで、どんな服装だった？

ジョー：つまり何を着ていたかと？

ヘネシー：普通はそういう意味だろ。どうした、この部屋は少し暑いか？

ジョー：いや、急いで帰ってきたせいです。

ヘネシー：当然だ。これだけ大きな記事だからな。グレーのドレスを着ていたと言ったか？

ジョー：いいえ、言っていません。

ヘネシー：いつもはグレーを着てるだろ。

ジョー：ああ、そういえばグレー系の色でしたね。

ヘネシー：もしかしたら私の知ってるドレスじゃないか。首周りに金色の襟がついてる。

ジョー：それだ、それですよ。どう説明したらいいか分からなかったんです。

shrewd：敏腕の、賢明な。類義語は sagacious、astute。
observation：（観察に基づく）意見、観察
fool：ばかにする、かつぐ
have a lot on the ball：非常に有能だ
suspect：〜ではないかと思う
＊「疑う」という意味で、suspect は「〜であろう」と疑うのに対し、doubt は「〜ではあるまい」と疑う。
by the way：話の途中だが、ところで

What's the matter (with you)?：どうしたんですか？

dimension：規模、重要さ

how to do：どのようにして〜するのか、〜し方
describe：述べる、表現する

HENNESSY | I think you described it very well. In view of the fact that Her Highness was taken violently ill at three o'clock this morning, put to bed with a high fever, and has had all her appointments for today cancelled in toto!

JOE | In toto?

HENNESSY | Yes, Mr. Bradley, in toto.

JOE | Certainly pretty hard to swallow.

HENNESSY | In view of the fact that you just left her, of course. But here it is, Mr. Bradley, all over the front page of every newspaper in Rome!

JOE | All right, all right, I overslept. It can happen to anybody.

HENNESSY | If you ever got up early enough to read a morning paper, you might discover little news events, little items of general interest, that might prevent you in the future from getting enmeshed in such a gold-plated, triple-decked, star-spangled lie as you have just told me. If I were you, I would try some other line of business, like mattress testing.

JOE | Is this the princess?

HENNESSY | Yes, Mr. Bradley. That is the Princess. It isn't Annie Oakley, Dorothy Lamour, or Madame Chiang Kai-Shek. Take a good look at her. You might be interviewing her again some day!

ヘネシー：きみの説明は実にうまかったよ。だが事実はこうだ。王女は夜中3時に急病に倒れ、高熱を出して寝込んでいる。そのため今日の予定は全部中止になった！

in view of the fact that：〜なので（=since、because）。in spite of the fact that は「〜けれども（=although）」。

ジョー：全部？

ヘネシー：ああ、ブラッドレー君。全部だ。

in toto：〈ラテン語〉全部で、完全に

ジョー：状況がよく飲み込めないんですが。

be hard to do：〜しにくい
＊ジョーはサンドイッチを飲み込んだあとに、「よく飲み込めない」と言っている。これは swallow に、gulp「食べもの・飲みものを飲み込む」と understand「理解する」の両方の意味を持たせている。

ヘネシー：王女に会ってきたそうだから、無理もないな。これを見ろ、ブラッドレー君。ローマ中の新聞の第一面に載ってるぞ。

ジョー：はいはい、分かりましたよ。寝すごしたんです。誰にでもあることですよ。

ヘネシー：きみが普段から早起きして朝刊を読んでいれば、こんな小さいニュースにも、小さい一般記事にも気づいて、ウソで塗り固めず済んだだろうに。その、すぐはがれる金メッキか崩れやすい三段重ねにゴテゴテと飾り散らしたウソでね！もし私がきみなら他の仕事を探すね、マットレス試験士とか！

prevent A from doing：Aが〜するのを妨げる

ジョー：これが王女？

ヘネシー：そうさ、ブラッドレー君。これが王女だ。アニー・オークリーでもドロシー・ラムーアでも蒋介石夫人でもない。よく見ておけ。いつかまたインタビューする日が来るかもしれんからな！

Annie Oakley：アニー・オークリー。ブロードウェイの大ヒットミュージカル『アニーよ銃をとれ』の主人公。1950年の映画ではベティ・ハットン（Betty Hutton/1921〜2007）がアニー役を演じている。
Dorothy Lamour：ドロシー・ラムーア（1914〜1996）。米を代表する女優。代表作は『ジャングルの女王』。
Madame Chiang Kai-Shek：蒋介石夫人（宋美齢/1897〜2003）。中華民国の指導者、蒋介石の妻。

JOE | Am I fired?

HENNESSY | No, you're not fired. When I wanna fire you, you won't have to ask. You'll know you're fired! The man's mad.

ちょっとひと息 Intermission

俳優という職に全力を注いだ紳士

グレゴリー・ペック Gregory Peck

『アラバマ物語』（1962）

1916年4月5日、米国カリフォルニア州ラホアで生まれました。

6歳のときに両親が離婚し、薬剤師だった父親と祖母に育てられました。陸軍学校を卒業後、父親の希望で医学部に入学します。家計が苦しかったため一度は中退したものの、友人に勧められ薬学部へ再入学しました。ボート部で活躍していた

ジョー：僕はクビですか？

ヘネシー：クビにはしない。クビにする時はいちいち尋ねる必要もなかろう。はっきりクビだと分かるからな！ ふざけたヤツめ。

mad：気のふれた、どうかしている

ペックはプロを目指しますが、脊髄を痛めて断念。3年生のときに演劇に魅せられ、俳優を志すようになります。幼い頃、祖母に連れられ毎週映画を観に行っていた影響もあったのでしょう。

『頭上の敵機』（1949）

大学卒業後はニューヨークの劇団に入り、本格的に演技を学びました。44年に二枚目スターとして『炎のロシア戦線』で銀幕デビューし、20世紀フォックス社と専属契約を結びます。『王国の鍵』（44年）が大ヒットし、アカデミー主演男優賞に初ノミネートされると、戦争による男優不足から、脊髄負傷で兵役を免除されたペックには出演依頼が殺到しました。『子鹿物語』（46年）、『紳士協定』（47年）、『頭上の敵機』（49年）では、アカデミー賞にノミネートされています。

その後は一時人気が低迷しますが、61年の『ナバロン要塞』で復活し、『アラバマ物語』（62年）ではついに念願のアカデミー主演男優賞を受賞しました。アメリカ映画協会が2003年に発表した「映画の登場人物ヒーロー ベスト50」には、『アラバマ物語』でペックが演じたフィンチ弁護士が選ばれています。

「アカデミー協会」会長や「ハリウッド俳優組合」会長など俳優の権利と地位向上にも取り組みました。二度の結婚で五人の子どもを設けたペックは、03年静かにこの世を去りました。現在、娘のセシリアと息子のトニーが俳優として活躍しています。

SCENE 7 : "It's a deal!"

JOE	Giovanni, it's Joe Bradley. Now, listen carefully. I want you to hurry up to my place and see if there's somebody there, asleep.
GIOVANNI	Aha! Si, Mr. Joe. I look subito, you wait, aspetta. Mr. Joe?
JOE	Yeah! Er, yeah, yeah, yeah, tell me, tell me!
GIOVANNI	Bellissimo!
JOE	Giovanni, I love you ! Now, listen!
GIOVANNI	Yes, Mr. Joe. A gun? No!
JOE	Yes, a gun, a knife, anything! But nobody goes in and nobody goes out. Capito?
GIOVANNI	Ok.
HENNESSY	You still here?
JOE	How much would a real interview with this dame be worth?
HENNESSY	Are you referring to Her Highness?

SCENE 7：「交渉成立！」

ジョー：ジョバンニか？　ジョー・ブラッドレーだ。いいか、よく聞いてくれ。至急僕の部屋に行って、誰か寝てるかどうか見てきてくれないか。

ジョバンニ：ああ、ジョーさんだね！　今見てくるからお待ちを。ジョーさん？

subito：イタリア語。英語の immediately。

ジョー：ああ！　どうだった？　誰かいたか？

ジョバンニ：すごい美女が！

bellissimo：イタリア語。英語の very beautiful。

ジョー：ジョバンニ、恩に着るぞ。よく聞いてくれ。

ジョバンニ：ああ、聞いてるよ。銃を？　とんでもない！

ジョー：銃でもナイフでも何でもいい！　誰も部屋に出入りさせないでくれ。分かったか？

anything：〈肯定文で用いられ〉何でも

ジョバンニ：分かったよ。

ヘネシー：まだいたのか？

ジョー：そのお嬢さんを実際にインタビューできたら、どのくらい値打ちがありますか？

dame：knight に相当する婦人の正式な尊称。男子の Sir に当たる。

ヘネシー：王女のことを言ってるのか？

refer to：〜に言及する

JOE | I'm not referring to Annie Oakley, Dorothy Lamour, or Madame Chia... How much?

HENNESSY | What do you care? You've got about as much chance of getting...

JOE | I know, but if I did, how much would it be worth?

HENNESSY | Oh, just a plain talk on world conditions, it might be worth two hundred and fifty. Her views on clothes, of course, would be worth a lot more, maybe a thousand.

JOE | Dollars? I'm talking about her views on everything. "The Private and Secret Longings of a Princess". Her innermost thoughts as revealed to your Rome correspondent in a private, personal, exclusive interview. Can't use it, huh? I didn't think you'd like it.

HENNESSY | Come here! Love angle too, I suppose?

JOE | Practically all love angle.

HENNESSY | With pictures?

JOE | Could be. How much?

HENNESSY | That particular story would be worth five grand to any news service. But, er, tell me, Mr. Bradley, if you are sober, just how you are going to obtain this fantastic interview?

ジョー：アニー・オークリーでもドロシー・ラムーアでも蒋介石夫人でも……。いくらですか？

ヘネシー：きみが気にすることじゃないだろう？どうせそんなチャンスは……。

What do I [you, they] care?：何をかまうものか、知ったことじゃないよ

ジョー：分かってます。でも、もし取れたらいくらです？

ヘネシー：まあ、世界情勢についての簡単な話なら250ってとこかな。ファッションに関する意見ならもっとだろう。恐らく1000くらい。

view on：〜についての考え[意見]

ジョー：ドルで？　私が言っているのは、あらゆるテーマに関する話です。"王女様の個人的な秘密の願望"……内に秘めた思いがわが社の記者に打ち明けられる。ごく個人的かつ私的な独占インタビューですよ。使えませんか？　お気に召さないだろうとは思いましたが。

innermost：内に秘めた、もっとも内部の
exclusive：独占的な

ヘネシー：戻ってこい！　恋の話も含まれるんだろうな？
ジョー：実際はそればかりですよ。

ヘネシー：写真つきで？

ジョー：そうですね。それだといくらですか？

ヘネシー：恋の記事となれば、どの通信社も5000は出すだろう。だが教えてくれ、ブラッドレー君。もしきみが正気で言ってるのなら、どうやってそんな夢のようなインタビューを実現させるのかね？

angle：角度、観点、視点

grand：1000ドル
sober：冷静な、落ち着いた
obtain：獲得する、手に入れる

JOE | I plan to enter her sickroom disguised as a thermometer. You said five grand? I want you to shake on that.

HENNESSY | Ah, you realize, of course, Her Highness is in bed today and leaves for Athens tomorrow? Ah, now I'd like to make a little side bet with you. Five hundred says you don't come up with the story. What are you looking at that for?

JOE | Oh, I just wanna see what time it is. Er, what day it is, er... It's a deal.

HENNESSY | Now I'd like you to shake. Let's see, you're into me for about five hundred now. When you lose this bet, you'll owe me a thousand. Why, you poor sucker, I'll practically own you!

JOE | You have practically owned me for a couple of years now. But that's all over. I'm gonna win that money and with it, I'm gonna buy me a one-way ticket back to New York!

HENNESSY | Go on, go on. I love to hear you whine!

JOE | And when I'm back in a real newsroom, I'll enjoy thinking about you, sitting here with an empty leash in your hands and nobody to twitch for you!

HENNESSY | So long, pigeon.

ジョー：体温計に変装して彼女の病室に潜り込むつもりです。5000と言いましたね。交渉成立ですよ。

ヘネシー：王女は今日は療養中で、明日にはアテネに発つことは分かっているんだろうな？　それでは、同時に賭けをしたい。もしきみが記事を書けなかったら500だ。何をそんなに見てる？

ジョー：今日が何曜日か知りたくて。あー、今日は何曜日かな……。決まりですね。

ヘネシー：よし、交渉成立だ。いいか、私は今きみに500ドルの貸しがある。またきみが負けたら1000の貸しだぞ。かわいそうなヤツめ。ずっと私のカモだ。

ジョー：ここ数年はずっとそうでしたが、それも今日で終わりですよ。僕が勝ちます。それで片道航空券を買ってニューヨークに戻ります！

ヘネシー：何とでも言ってろ。きみの泣き言を聞くのは大好きだ！
ジョー：本社に戻ったら局長のことを思い出しますよ。部下に逃げられて空の手綱を持ったまま、ここに座っている姿をね！

ヘネシー：またな、カモ君。

disguise as：〜に姿を変えさせる
shake on it：（合意のしるしに）握手する

(sick) in bed：（病気で）寝ている

deal：取引、契約

sucker：だまされやすい人、カモ

a one-way ticket：（主に米）片道切符。（英）a single ticket。「往復切符」は a round-trip ticket。

whine：めそめそ愚痴を言う

＊ pigeon はハト科の鳥の総称である。特に大型のハトを指す。pigeon よりも小型のものは dove。また、pigeon が「だまされやすい人、カモ」であるのに対し、dove は「かわいい人、おとなしい人」。

SCENE 8 : Where am I ?

GIOVANNI	Signore Mr. Bradley.
JOE	Everything ok, Giovanni?
GIOVANNI	Listen here, Joe, er, nobody has come, nobody has go, absolutely nobody.
JOE	Swell! Thanks a lot. Oh er, Giovanni, er... how would you like to make some money?
GIOVANNI	Money? Magari.
JOE	That's the stuff. Now, look, I've got a sure thing. Double your money back in two days.
GIOVANNI	Double my money?
JOE	Yeah, well, I need a little investment capital to swing the deal. Now, if you'll just lend me a little cash, I...
GIOVANNI	(Ma che son scemo?) You owing me two months' rent, and you want me to lend you money? No. Certamente, no! Uh!
JOE	Tomorrow, you'll be sorry!
JOE	Your Highness? Your Royal Highness?

SCENE 8：ここはどこ？

ジョバンニ：ブラッドレーさん。

ジョー：問題はなかったか、ジョバンニ？

ジョバンニ：もちろん、ジョーさん。誰一人来ていないし、誰一人出ていってない。

ジョー：よくやった、ありがとう。そうだ、ジョバンニ……。金もうけしたくないか？

swell：すてきな、素晴らしい
How would you like to do~？：
〜してみてはいかがですか？

ジョバンニ：金もうけ？　もちろん。

magari：イタリア語。英語の of course。

ジョー：そうこなくちゃ。いいか、確実なもうけ話があるんだ。2日間で金が2倍に膨らむ。

That's the stuff.：全くそのとおり、まさにそれだ。Great stuff. とも言う。

ジョバンニ：金が2倍に？

ジョー：ああ、だがこの取引を進めるには少しばかりの投資が必要なんだ。僕に金を少々貸してもらえたら……。

investment：投下資本、投資金
capital：資本（金）
lend：貸す
＊「借りる」という意味で、borrow は借りたものを持ち帰る場合、移動不可能なものをちょっと使わせてもらう場合は use が良い。家・部屋などを賃借りする場合は rent、短期間有料で借りる場合は hire を用いる。

ジョバンニ：（バカにしてるのか？）2ヵ月分の家賃を滞納しているうえに、この私に金を貸せと？絶対にイヤだね！

ジョー：明日、後悔するぞ。

sorry：後悔して

- -

ジョー：王女様？　王女妃殿下ですね？

ANN | Yes... what is it? Dear Doctor Bannochoven...

JOE | Oh, oh, sure, yes. Well, er... er, you're fine, much better. Is there anything you want?

ANN | Hmm? So many thing.

JOE | Yes? Well, tell the doctor. Tell the good doctor everything.

ANN | Mmmmm, I dreamt and I dreamt...

JOE | Yes? Well, er, what did you dream?

ANN | I dreamt I was asleep on the street and... young man came and he was... tall and strong... and he was so mean to me.

JOE | He was?

ANN | It was wonderful.

JOE | Good morning.

ANN | Where's Doctor Bannochoven?

JOE | Er, I'm afraid I don't know anybody by that name.

ANN | Wasn't I talking to him just now?

JOE | Afraid not.

ANN | Have... have I had an accident?

JOE | No.

アン：なあに……何の用？ バンノックホーベン先生……。

ジョー：ああ、そ、そうだよ。すっかり良くなったね。何か欲しいものはあるかい？

アン：うーん、たくさんあるわ。

ジョー：そうか。それなら先生に話してくれたまえ。優しい先生に、包み隠さずね。

アン：うーん、たくさん夢を見たの。

ジョー：そうか。あー、どんな夢を見たんだね？

アン：私が道端で眠っていたら、若い男の方がいらしたの。背が高くて、たくましい方だった……。でも私には意地悪するの。

ジョー：意地悪？

アン：うーん……。ステキな夢だったわ。

ジョー：おはよう。

アン：バンノックホーベン先生はどこ？

ジョー：いや、残念ながらそんな人は知らない。

アン：たった今、先生に話してたんじゃなかったの？

ジョー：残念ながら違う。

アン：私、事故に遭ったの？

ジョー：いいや。

much：many の最上級。比較級は more。

better：good の比較級。最上級は best。

＊ dreamt は dream「夢を見る」の過去・過去分詞形であるが、近年では dreamed がよく使われる。

mean：意地の悪い、嫌がらせの

ANN	Quite safe for me to sit up, huh?
JOE	Yeah, perfect.
ANN	Thank you. Are these yours?
JOE	Er, did... did you lose something?
ANN	No. No. W... would you be so kind as to tell me w... where I am?
JOE	Well, this is what is laughingly known as my apartment.
ANN	Did you bring me here by force?
JOE	No, no, no... quite the contrary.
ANN	Have I been here all night... alone?
JOE	If you don't count me, yes.
ANN	So I've spent the night here... with you?
JOE	Oh, well, now, I... I don't know if I'd use those words exactly, but er, from a certain angle, yes.
ANN	How do you do?
JOE	How do you do?
ANN	And you are...?
JOE	Bradley, Joe Bradley.

アン：起き上がっても大丈夫かしら？

ジョー：ああ、もちろん。

アン：ありがとう。これ、あなたの？

ジョー：何？　何かなくした？

アン：いいえ。私は今どこにいるのか教えてくださる？

ジョー：笑えるだろうが、一応ここは僕のアパートだ。

アン：無理やり連れてきたの？

ジョー：とんでもない。その逆だよ。

アン：私ったらここで一晩……一人で？

ジョー：僕を除けば、そうだな。

アン：では、ここであなたと一晩過ごしたのね。

ジョー：いや、僕ならそのような表現はしないだろうが、まあ、別の見方をすればそういうことになるな。

アン：はじめまして。

ジョー：はじめまして。

アン：お名前は？

ジョー：ブラッドレーだ。ジョー・ブラッドレー。

so ~ as to do：…するほど~

laughingly：laughing「笑うべき、おかしい」の副詞

by (main) force：力ずくで、むり押しに

contrary：正反対の、反対の。類義語は opposite。

from ~ angle (s)：~の角度 [視点] から

ANN | Delighted.

JOE | You don't know how delighted I am to meet you.

ANN | You may sit down.

JOE | Well, thank you very much. What's your name?

ANN | Er... you may call me... Anya.

JOE | Thank you, Anya. Would you like a cup of coffee?

ANN | What time is it?

JOE | Oh, about one thirty.

ANN | One thirty! I must get dressed and go!

JOE | Why? What's your hurry? There's lots of time.

ANN | Oh, no, there isn't and I've... I've been quite enough trouble to you as it is.

JOE | Trouble? You're not what I'd call trouble.

ANN | I'm not?

JOE | I'll run a bath for you. There you are.

アン：お会いできて光栄です。

ジョー：私のほうこそ、とてつもない光栄だよ。

アン：かけてよろしい。

ジョー：これはどうも。きみの名前は？

アン：ええと……アーニャと呼んで。

ジョー：ありがとう、アーニャ。コーヒーはいかが？

アン：今、何時？

ジョー：ああ、1時半ぐらいだよ。

アン：1時半？　すぐに着替えて帰らないと！

ジョー：何を急いでいるんだい？　時間はまだたっぷりある。
アン：いいえ、時間はないわ。それに……もう十分ご迷惑をおかけしてるし。

ジョー：迷惑？　全然 迷惑じゃないよ。

アン：本当に？

ジョー：風呂の用意をしてあげよう。さあどうぞ。

how 副詞・形容詞：どれほど、いかに～

Would you like ~ ?：～はいかがですか？

What's your [the] hurry?：なぜそんなに急ぐのか？「そんなに急ぐ必要はない」と反語の意味を含む。Why all the hurry ?とも言う。
lots of ~：たくさんの～。a lot of よりも口語的である。
enough：十分な。enough は主に量に用いるのに対し、sufficient は度合いに用いる。

There you are [go].：（はい）どうぞ、そこにいたの [見つけた！]、言ったとおりでしょう
＊ Here you are[go]. は「（さあ）どうぞ。」Here we are! は「ここにありますよ、ほら着きましたよ。」
Here we [I] go! は「よし行くぞ。」

SCENE 9 : Which is the hasty?

JOE | Posso telefonare? Solo un moment. Grazie.

IRVING | Here we go now. There you are. That does it. Oh. Give me a little slack, will you?

JOE | Irving! Why don't you answer the phone? Look, this is Joe. Irving, can you get over here in about five minutes?

IRVING | Oh no, I can't come now, Joe. I'm busy. Joe, I'm up to my ears in work. Go on, get into your next outfit, will you, honey? The canoe. What kind of a scoop, Joe?

JOE | Look, Irving, I can't talk over the telephone. One word in the wrong quarter and this whole thing might blow sky-high. It's front-page stuff, that's all I can tell you. It might be political or it might be a sensational scandal, I'm not sure which, but it's a big story. It's got to have pictures!

IRVING | But I can't come now, Joe. I'm busy. I'm busy now and I'm meeting Francesca at Rocca's in a half an hour and...

CHARWOMAN | (Ma guarda, cosa fa qui?)

SCENE 9：慌てん坊はどっち？

ジョー：電話を貸してくれないか？　少しの間だけ。ありがとう。
アービング：さあ 撮るぞ。その調子だ。良かったよ。やれやれ。ちょっと休憩させてくれ。

ジョー：アービング！　早く出ろよ。ジョーだ。5分で来られるか？

アービング：いや、今は無理だよ、ジョー。取り込んでるんだ。ジョー、こっちは仕事がたまってるんだよ。次の衣装に着替えてきてくれ。カヌーのやつだ。どんなスクープだい、ジョー？

ジョー：アービング、電話じゃ言えない。間違って誰かに一言でも聞かれたら、すべて台なしだ。まさに一面トップにふさわしいネタだ。今言えるのはこれだけだよ。政治的なものか、世間を騒がすスキャンダルかは分からないが、とにかく大きな記事になる。だから写真が必要なんだ。

アービング：でも今は行けないよ、ジョー。忙しいんだ。それに30分後にはロッカズでフランチェスカと待ち合わせしてるし……。

掃除婦：（おや、ここで何してるの？）

Posso telefonare?：イタリア語。英語の Can I phone?

命令文 ,will you?：〈指示〉〜してください、〜しませんか？
＊slack は普通 the を伴って「緩み、たるみ」という意味だが、ここでは「息抜き」の意味合いが強い。

Why don't you ~ ?：〈勧誘・忠告〉〜したらどうですか？
＊電話で「どちらさまでしょうか？」と尋ねる場合、米では Who is this?、英では Who is that? を用いる。

up to the [one's] ears (in ~)：（〜に）すっかり巻き込まれて、没頭して

talk (with a person) over [on] the telephone：（人と）電話で話す。talk with の部分は speak to でも言い換えられる。

blow ~ sky-high：〜を粉々に打ち砕く

half an hour：30分。quarter of an hour は「15分」。

ANN	(Scusi.)
CHARWOMAN	(Ma che "scusi"? Un bel niente "scusi". Fuori subito. Fuori subito! Bella vita, eh? Comoda, eh? Ma lo sa, bella vita! Ma se io fossi la sua Mamma, Ma sa quanti schiaffi le darei? Sciaffi da farle la faccia cosi! Mhhh, capito?)
ANN	Nnnn... non capito. Don't understand.
CHARWOMAN	"Don't understand"? (Uhhhh! Vergogna! Eeh!)
JOE	There you are!
ANN	I was looking at all the people out here. It must be fun to live in a place like this.
JOE	Yeah, it has its moments. I can give you a running commentary on each apartment.
ANN	I must go. I only waited to say goodbye.
JOE	Goodbye? But we've only just met. How about some breakfast?
ANN	I'm sorry. I haven't time.
JOE	Must be a pretty important date, to run off without eating.
ANN	It is.

アン：（ごめんなさい。）

掃除婦：（何がごめんなの？　早く出なさい。さっさとしなさい。さぞかしきれいになって気持ち良かったでしょうね。でも、私が母親ならひっぱたいている所だよ。それが当然だよ。分かった？）

アン：いいえ、分かりません。

掃除婦：ワカリマセン？（全く、恥知らずだわ！）

ジョー：ここにいたのか。

アン：街の人々を観察していたの。こんな所で暮らせたら楽しいでしょうね。

ジョー：ああ、それなりに楽しいよ。それぞれのアパートについて解説してあげてもいい。

アン：もう行かなきゃ。お別れを言うために待ってたの。
ジョー：お別れ？　まだ会ったばかりじゃないか。朝食でもどう？

アン：ごめんなさい、時間がないの。

ジョー：食事もしないで出ていくとは、よほど大切なデートがあるんだな。

アン：そうなの。

scusi：イタリア語。英語のexcuse。

must：〈確信のある推定〉〜に違いない

a running commentary：実況解説

How about 〜 ?：〈提案・勧誘〉〜はいかがですか？

pretty：かなりの、相当な

JOE	Well, I'll go along with you, wherever you are going.
ANN	That's all right, thank you. I can find the place. Thank you for letting me sleep in your bed.
JOE	Oh, that's all right. Think nothing of it.
ANN	It was very considerate of you. You must have been awfully uncomfortable on that couch.
JOE	No, do it all the time!
ANN	Goodbye, Mr. Bradley.
JOE	Goodbye. Oh. Go right through there, and down all the steps.
ANN	Thank you.

ちょっとひと息 Intermission

『ローマの休日』に登場した名所旧跡 ③

⑤ トレヴィの泉 (74〜76頁)

アン王女が髪を切った美容室の近くにある、ローマで最も巨大なバロック時代の泉

です。後ろ向きにコインを泉に投げ入れると願いが叶うと言われています。肩越しにコインを投げ入れると、再びローマを訪れることができるそうです。

ジョー：では、どこへでも行きたい所へ送ってあげよう。

go along with 人：（人に）ついて行く、同行する

アン：ありがとう。でも、大丈夫。場所は分かるわ。ベッドを貸してくださってありがとう。

ジョー：ああ、いいんだ。大したことじゃない。

think nothing of ~：（~するのを）何とも思わない

アン：お気遣い感謝しますわ。長椅子ではさぞ寝心地が悪かったでしょう。

It is 形容詞 of 人 (to do)：（~するとは）人は…ですね。感嘆文では It is の代わりに How を用いる。

ジョー：全然。いつものことさ！

アン：さよなら、ブラッドレーさん。

all the time：いつでも

ジョー：さようなら。ああ、すぐそこを抜けて階段を下りていけばいい。

アン：ありがとう。

⑥スペイン広場 (80～86頁)

アン王女がジェラートを食べるシーンに登場する広場です。広場の中心に、舟の形をした「バルカッチャの噴水」があります。アン王女が腰掛けていた「トリニタ・デイ・モンティ階段（通称：スペイン階段）」には、いつもたくさんの人々が座っている姿が見られます。

SCENE 10 : Joe tails, tails, tails!

JOE | Well... small world!

ANN | Yes. I... I almost forgot. Can you lend me some money?

JOE | Oh, yeah... that's right, you didn't have any last night did you? How much... how much was it that you wanted?

ANN | Well, I don't know how much I need. How much have you got?

JOE | Well, er, suppose we just split this fifty-fifty. Here's a thousand lira.

ANN | A thousand?! Can you really spare all that?

JOE | It's about a dollar and a half.

ANN | Oh... well, I... I'll arrange for it to be sent back to you. What is your address?

JOE | Er, Via Margutta 51.

ANN | Via Margutta 51. Joe Bradley. Goodbye, thank you.

GIOVANNI | Ah, double my money, eh? You tell me why I double my money... that way?

SCENE 10：ジョー、必死の尾行！

ジョー：おや、世界は狭いな！

アン：そうね。忘れていたんですが、お金を貸してくださる？

ジョー：ああ、いいとも。そうだ、昨夜は一文なしだったね。いくら必要だい？

アン：どれくらい必要になるか分からないわ。いくらお持ち？

ジョー：では、これを半分ずつにしよう。1000リラある。

アン：1000！　そんなにたくさんお借りしてよろしいの？
ジョー：約1ドル50セントさ。

アン：まあ……。必ずお返しするようにします。ここの住所は？

ジョー：マルグッタ通り51。

アン：マルグッタ通り51。ジョー・ブラッドレーさんね。さようなら。ありがとう。
ジョバンニ：おい、金が2倍になるんだろ？どうやって増やすんだ？

(It's a) small world!：世間は狭いね、奇遇だね

almost：ほとんど、すんでのところで。前に not を伴う場合は almost でなく nearly を用いる。
＊「いくつか、何か」の意味で、原則として肯定文では some、疑問文・否定文・条件文では any を用いる。しかし、肯定の答えを期待しているときは、疑問文でも some を用いる。

arrange (for A) to do：Aが〜するよう手配する。arrange that A should do でも言い換えられる。

Via：イタリア語。英語の Street[St.]。

JOE	Tomorrow, tomorrow, tomorrow.
GIOVANNI	Eh, "tomorrow".

Fruit Vendor	(Lo vuole un cocomero, signore? Molto saporito.)
SHOE VENDOR	(Le vuole provare? Si? Venga, s'accomodi.)
FRUIT VENDOR	(Patti chiari, lo prenda pure, molto buono, a trecento lire sole.)
SHOE VENDOR	(Ha visito como le stanno bene? Proprio perfette, avevo raginone io, eh?)
FRUIT VENDOR	(Trecento lire sole.)
JOE	(No. Va be'.)
FRUIT VENDOR	(Grazie.)

MARIO	What a wonderful er, hair you have! Messa in piega?
ANN	Just cut, thank you.
MARIO	Just cut? Well... then, cut, er, so?
ANN	Higher.
MARIO	Higher? Here?

ジョー：明日、明日。

ジョバンニ：いつも "明日" だ。

果物売り：（だんな、スイカはどうだい？　とってもおいしいよ）
靴売り：（こちらいかが？　どうぞ履いてみて）

molto saporito：イタリア語。英語の very tasty。

果物売り：（大きくて新鮮でおいしくて、たったの300リラだよ）

molto buono：イタリア語。英語の very good。

靴売り：（そのまま履いていってはいかが？　とてもお似合いだし、そうした方がいいと思うわ）

果物売り：（たったの300リラだよ）

＊イタリア語で1、2、3はuno（ウーノ）、due（ドゥーエ）、tre（トレ）。100は cento（チェント）。

ジョー：（分かったよ）

va be'：イタリア語。va bene の短縮形で、英語の all right。

果物売り：（毎度）

マリオ：とてもお美しい髪ですね。セットですか？

piega：イタリア語。英語の fold。fold には「折る、巻きつける」という意味があるため、「セット」でも「パーマ」の意味合いが強いと思われる。

アン：カットしてください。

マリオ：カットだけ？　では……これぐらい？

アン：もっと上。

マリオ：もっとですか？　これぐらい？

ANN	More.
MARIO	Here?
ANN	Even more.
MARIO	Where?
ANN	There.
MARIO	There. Are you sure, Miss?
ANN	I'm quite sure, thank you.
MARIO	All off?
ANN	All off.
MARIO	Off! Are you sure? Yes! Off! Off! Off!
MAN	(Vostra moglie... non c'entra affatto! Assolutamente... e che...! Oh no, no, no, no...)
MARIO	Off!
JOE	That's a nice-looking camera you have there. Ah, it's nice. Mmmm. Er, you don't mind if I just borrow it, do you?
SCHOOL GIRL A	Miss Weber!
JOE	I'll give it back. Just for a couple of minutes.
SCHOOL GIRL B	No! Go, it's my camera.

アン：もっとです。

マリオ：ここ？

アン：もっと。

マリオ：どの辺り？

アン：この辺り。

マリオ：そこか。いいんですか、お嬢さん？

アン：いいの。切ってちょうだい。

マリオ：全部切るの？

アン：全部よ。

マリオ：カット！　本当にいいの？　よし。カット！カット！　カット！
男：（あんたの奥さんとは全く関係ないぞ！　絶対に……とんでもない！）

マリオ：カット！

ジョー：きみ、いいカメラを持ってるね。うーん、これはいい。ちょっと貸してもらえないかな？

女生徒Ａ：ウェバー先生！

ジョー：すぐ返すよ。ほんの数分だけだ。

女生徒Ｂ：イヤよ！　放して。私のカメラよ。

even：〈比較級を強調して〉いっそう、さらに

sure：〈質問の答えとして〉全くだ、もちろん、いいとも

assolutamente：イタリア語。英語の absolutely。

nice-looking：きれいな、ハンサムな
Do you [Would you] mind if ～？：～してもいいですか？

SCENE 11 : With new haircut

MARIO | You musician, maybe? You artist, aha? Painter? I know, you modella! Model, huh?

ANN | Thank you.

MARIO | Ecco qua finito! It's perfect. Y... y... you be nice without long hair. Now, it's cool, hmm? Cool?

ANN | Yes, it's, it's just what I wanted.

MARIO | Grazie. Now, why you not come dancing tonight with me? You should see, it's so nice, it's on a boat on the Tevere, Tiber, the river by Sant' Angelo. Moonlight, music, romantico! It's very, very... very! Please, you come?

ANN | I wish I could.

MARIO | But, but, your friend, I not think they recognize you.

ANN | No, I don't think they will!

MARIO | Oh, thank you very much. After nine o'clock, I'll be there. Dancing on river. Remember Sant' Angelo. All my friends... If you come, you will be most pretty of all girl!

ANN | Thank you. Goodbye.

SCENE 11：髪型を変えて

マリオ：お客さん、音楽家ですか？　芸術家でしょ？　それとも画家かな？　分かった、モデルだ！モデルさんだね？

アン：お上手ね。

マリオ：できました。完ぺきです。短いほうがよくお似合いですよ。ステキです。どう？　オシャレでしょ？

アン：ええ、こんな髪型にしたかったの。

マリオ：ありがとう。ところで今夜、僕と踊りに行きませんか。とてもステキな所ですよ。サンタンジェロ城のそばの、テヴェレ川の船の上です。月明かりの下で音楽を聴きながら、ロマンチックですよ。それはそれは……。ぜひ来てください。

アン：行けるといいんですが。

マリオ：お友達は誰もあなたと気づかないと思いますよ。

アン：そうね、気づかないわね！

マリオ：どうもありがとう。9時過ぎにはいますから。船上のダンス。サンタンジェロですよ。友達もみんな来ます。もし来てくれたら、あなたが一番お美しいでしょう！

アン：ありがとう。さよなら。

modella：イタリア語。modella は「女性モデル」で、「男性モデル」には modello を使う。英語の model。

cool：すてきな、かっこいい。俗語で「厚かましい、ずうずうしい」という意味もある。

come doing：〜しながら来る。come to do は「〜しに来る」。ここでは come to dance とまちがっていると思われる。
by：〜のそばで［を］。near よりも近くを表す。地名の前では by でなく near を使う。
＊テヴェレ川（Tevere）は、ローマ市内を流れているイタリアで3番目に長い川である。
＊ think、want、suppose など「〜と思う、〜のようだ」の意の動詞が not などの否定語を伴った場合、あとに来る節や不定詞の内容が否定される。
after：〜過ぎに。英国では past が使われる。

GELATO VENDOR	(Aranciato? Gazzose? Chinotto? Gelato? Grazie. Signorina, il resto.)
Man	(Mi dia un gelato di cioccolata e crema, per favore.)
FLORIST	(Ooooohh, brava signorina, guardi, qui ci sono dei fiori per lei. Garofani, sono vennuti da Bordighera, freschi, guardi, che bellezza! Grazie. Mille lire.) Ein Tausend Lire.
ANN	No money.
FLORIST	No? (Ottocento lire, va bene?)
ANN	I... I'm sorry, I've really no money.
FLORIST	(E troppo pure questo? Settecento di piu non eh, non posso fare.)
ANN	Look. I'm sorry.
FLORIST	(Ecco, prego. Ah, buona fortuna!)
ANN	(Grazie!)
FLORIST	(Niente.)

ジェラート売り：（オレンジジュース、ソーダ水、キノット、ジェラートはいかが？　毎度。お嬢さん、お釣りですよ。）

男：（チョコレート味をください）

花屋：（そこの美しいお嬢さん。お花をどうぞ。カーネーションはあなたにぴったりですよ。）1000 リラです。

＊ Aranciato は「オレンジ」の意味。Gazzose は Gassata「炭酸水」のことだと思われる。Chinotto「キノット」は、イタリアでよく見かける缶ジュースの一種である。

アン：お金がないの。

花屋：ない？（800 リラでどう？）

ottocento：イタリア語。otto（8）+cento（100）。

アン：申し訳ないけど、本当にないの。

花屋：（それでもまだダメ？　700 リラでどうだ、これ以上はまけられないよ）

settecento：イタリア語。sette（7）+cento（100）。

アン：見て。ごめんなさい。

花屋：（じゃあ、せめてこれを。頑張れよ）

buona fortuna：イタリア語。英語の good luck。

アン：（ありがとう）

花屋：（どういたしまして）

niente：イタリア語。英語の nothing。

SCENE 12 : The invitation to date

JOE | Weeell, it's you!

ANN | Yes, Mr. Bradley!

JOE | Or is it?

ANN | Do you like it?

JOE | Yeah... very much. So that was your mysterious appointment.

ANN | Mr. Bradley, I have a confession to make.

JOE | Confession?

ANN | Yes, I... ran away last night, from school.

JOE | Oh, what was the matter? Trouble with the teacher?

ANN | No, nothing like that.

JOE | Well, you don't just run away from school for nothing.

ANN | Well, I only meant it to be for an hour or two. They gave me something last night to make me sleep.

JOE | Oh, I see.

SCENE 12：デートのお誘い

ジョー：おやおや、きみじゃないか！

アン：ええ、私よ。ブラッドレーさん！

ジョー：髪型を変えたの？

アン：似合ってる？

ジョー：ああ、とても似合ってるよ。これが秘密の約束だったのか。

アン：ブラッドレーさん、告白することがあるの。

confession：告白、白状

ジョー：告白？

アン：ええ、昨夜は私、逃げ出してきたの……学校から。
ジョー：何があったんだい？ 先生と問題でも起こしたのか？

run away from：〜から逃げる、逃走する
What's the matter (with you)?：どうしたんですか？

アン：いいえ、そんなんじゃないわ。

ジョー：何もなければ逃げ出したりしないだろう。

for nothing：何の理由［目的、結果］もなく。「無料で、ただで」という意味もある。

アン：ほんの数時間のつもりだったの。昨夜、何かを注射されて眠らされたから。

make 人 do：〈使役〉人を（強制的に）〜させる

ジョー：なるほど。

I see.：わかりました。

ANN | Now I'd better get a taxi and go back.

JOE | Well, look, before you do... why don't you take a little time for yourself?

ANN | Maybe another hour.

JOE | Live dangerously, take the whole day!

ANN | I could do some of the things I've always wanted to.

JOE | Like what?

ANN | Oh, you can't imagine... I'd, I'd like to do just whatever I'd like, the whole day long!

JOE | You mean, things like having your hair cut? Eating gelato?

ANN | Yes, and I'd, I'd like to sit at a sidewalk cafe and look in shop windows, walk in the rain! Have fun, and maybe some excitement. It doesn't seem much to you, does it?

JOE | It's great! Tell you what. Why don't we do all those things... together?

ANN | But don't you have to work?

JOE | Work? No! Today's gonna be a holiday.

ANN | But you don't want to do a lot of silly things.

アン：もうタクシーを拾って帰るわ。

ジョー：それより、帰る前に、少しだけ楽しんでいくのはどう？

アン：あと1時間ぐらいなら。

ジョー：派手にいこうよ、丸一日使って！

アン：ずっと望んでいたことができるのなら。

ジョー：どんなこと？

アン：まあ、あなたには想像もつかないことよ。何でも好きなことをするの、一日中ね！

ジョー：美容院に行ったり、ジェラートを食べたりとか？

アン：そうよ。それに、カフェのテラス席に座ったり、ショーウィンドーを眺めたり、雨の中を歩いたりね！　楽しくて、ちょっとワクワクすること。あなたにとっては退屈よね。

ジョー：最高だよ。こうしたらどうかな。今言ったこと全部やるんだ。一緒にね。

アン：でもお仕事じゃないの？

ジョー：仕事？　いや、今日は休みにする。

アン：こんなくだらないことには興味ないでしょう？

for oneself：自分のために。by oneself は「一人ぼっちで、独力で、ひとりでに」。

whole：完全な、丸〜

Tell you what.：ちょっと話を聞いてくれ。I('ll) tell you what.とも言う。

gonna：going to の短縮形

silly：ばかばかしい、ばかげた。類義語は foolish。

JOE | Don't I? First wish, one sidewalk cafe. Coming right up! I know just the place, Rocca's.

JOE | What will the people at school say when they see your new haircut?

ANN | They'll have a fit. What would they say if they knew I'd spent the night in your room?

JOE | Well, er, I'll tell you what, you don't tell your folks and I won't tell mine.

ANN | It's a pact.

JOE | Now, what would you like to drink?

ANN | Champagne, please.

JOE | (Er, commerierie, er...)

WAITER | (Comandi, signore.)

JOE | Champagne?

WAITER | (Si, si.)

JOE | Well, er, champagne per la signorina and er, cold coffee for me.

WAITER | (Va bene, signore.)

JOE | Must be quite a life you have in that school, champagne for lunch.

ジョー：そんなことないさ。まず最初のお望み、カフェのテラス席からだ。さあ、行こう。ロッカズといういい店を知ってる。

- -

ジョー：学校の人はきみの髪型を見て何て言うかな？

アン：カンカンに怒るでしょうね。あなたの部屋で寝たことを知ったら何て言うかしら？

have a fit：かんしゃくを起こす、発作を起こす

ジョー：いいかい、そのことは誰にも話しちゃダメだよ。僕も内緒にしておく。

アン：約束ね。

pact：（個人間の）約束

ジョー：さて、何を飲む？

アン：シャンパンがいいわ。

＊シャンパン（champagne）はフランス北東部シャンパーニュ（Champagne）地方原産の発泡ワインである。

ジョー：（あー、すいません）

ウェイター：（はい）

ジョー：シャンパンある？

ウェイター：（はい、ございますよ）

ジョー：このお嬢さんにはシャンパン、僕にはアイスコーヒーを。

ウェイター：（かしこまりました）

ジョー：昼食にシャンパンなんて、学校ではかなりいい生活をしてるんだな。

ANN | Only on special occasions.

JOE | For instance?

ANN | The last time was my father's anniversary.

JOE | Wedding?

ANN | No, it was... the fortieth anniversary of umm... of the day he got his job.

JOE | Forty years on the job. What do you know about that? What does he do?

ANN | Well... mostly you might call it... public relations.

JOE | Oh, well, that's hard work.

ANN | Yes, I wouldn't care for it.

JOE | Does he?

ANN | I've... heard him complain about it.

JOE | Why doesn't he quit?

ANN | Well, people in that line of work almost never do quit, unless it's actually unhealthy for them to continue.

JOE | Well, here's to his health, then.

ANN | You know, that's what everybody says.

JOE | It's all right?

アン：特別な時だけよ。

ジョー：例えば？

アン：前回は父の記念日だったわ。

ジョー：結婚記念日？

アン：いいえ、40周年記念よ。父が……仕事を始めてから。

ジョー：勤続40周年か。それはすごいな。お父さんは何の仕事をしてるの？

アン：そうね……一種の広報関係と言えるわね。

ジョー：そうか、それはさぞ忙しいだろうな。

アン：ええ、私だったらイヤだわ。

ジョー：お父さんは？

アン：グチをこぼしているのを聞いたことがあるわ。
ジョー：なぜ辞めないの？

アン：この仕事に携わると自分から辞めたりはしないの。健康上の理由で続けられない場合は別だけど。

ジョー：では、お父さんの健康を祝して

アン：ええ、だからみんなそう言うわ。

ジョー：おいしい？

＊特定の日の朝・午後・晩や、修飾語がつく場合は in や at でなく on を用いる。
for instance：たとえば。for example とも言う。
anniversary：（毎年の）記念日

care for：〜を好む

complain：不平［不満、文句］を言う

line：職業、専門、専攻
unless：〜でない限り、〜しない限り。If 〜 not よりも実際に起こる確率は低いという含みがある。

here's to 〜：（人・健康・成功・幸運などに）乾杯

ANN	Yes, thank you. What is your work?
JOE	Oh, I'm... er, in the selling game.
ANN	Really? How interesting. What do you sell?
JOE	Er, fertilizer, er, chemicals, you know? Chemicals... stuff like that.
JOE	Irving! Well, am I glad to see you!
IRVING	Why, did you forget your wallet?
JOE	Er, pull up a chair, Irving, sit down with us here.
IRVING	Aren't you gonna introduce me?
JOE	Er, yes, this is a very good friend of mine, Irving Radovich. Anya, Irving.
IRVING	Anya...?
ANN	Smith.
IRVING	Oh, hiya, Smitty.
ANN	Charmed.

アン：おいしいわ。あなたは何のお仕事をしてるの？

ジョー：僕か……僕はセールスマンだ。

アン：そうなの？　面白そうね。何を売ってるの？

ジョー：ええと、肥料とか薬品とか……そういうものだ。

ジョー：アービング！　会えて嬉しいよ。

アービング：どうした。財布でも忘れたか？

ジョー：まあ、椅子を出して座ってくれ。

アービング：紹介してくれないかな。

ジョー：もちろん。こちら僕の友達のアービング・ラドヴィッチだ。アービング、こちらはアーニャ。

アービング：アーニャ……？

アン：スミスよ。

アービング：よろしく、スミッティ。

アン：光栄ですわ。

game：（投機性をおびた）職業、商売

stuff：物質、成分

be glad to do：〜してうれしく思う

wallet：札入れ、（主に男性用の）財布。purse は「小銭入れ、（主に女性用の）財布」。

SCENE 13 : What is a "Ringer"?

IRVING Hey, er, anybody tell you you're a dead ringer for... Oh! Well, er... I guess I'll be going.

JOE Oh, don't do a thing like that, Irving. Sit down, join us, join us, join us.

IRVING Well, er... just till Francesca gets here.

ANN Tell me, Mr. er, er, Radovich, er, what is a ringer?

IRVING Oh, er, waiter!

JOE It's an American term and er, and it means er... anyone who has a great deal of charm.

ANN Oh. Thank you.

IRVING You're welcome. Cousins.

ANN M... Mr. Bradley's just been telling me all about his work.

IRVING Mmm, I'd like to have heard that.

ANN What do you do?

IRVING I'm the same racket as Joe. Only I'm a photo...

JOE I'm awfully sorry, Irving!

SCENE 13：「ソックリ」って何？

アービング：ねえ、きみ、そっくりって言われたことない？ あの……あうっ！ どうやら僕は外したほうがよさそうだ。

ジョー：とんでもない、いてくれよ、アービング。さあ、座って。一緒にいよう。

アービング：じゃあ、フランチェスカが来るまで。

アン：教えて、ラドヴィッチさん。"ソックリ"って何のこと？

アービング：ああ、ウェイター！

ジョー：アメリカ独特の表現なんだ。つまり……とても魅力的な人という意味だよ。

アン：まあ。ありがとう。

アービング：どういたしまして。いとこだ。

アン：今、ブラッドレーさんのお仕事についてお聞きしてたの。

アービング：へえ、僕も聞きたかったな。

アン：あなたのお仕事は？

アービング：僕もジョーと同じ業界なんだ。ただ僕は写真を……。

ジョー：こりゃすまない、アービング！

be a dead ringer for A：A とよく似ている、そっくりだ。ringer には「そっくりな人［物］」のほかに、「（競馬、競技の）替え玉、もぐりの選手」という意味もある。

a great [good] deal：多く、おおいに

What do you do (for a living)?：ご職業は何ですか？

racket：生計の道、職業

IRVING	W... w... wha... ? What are you... ?
JOE	I'm sorry, Irving.
IRVING	Look, I can take a hint! I'll see you around.
ANN	Oh, your drink's just here. Please sit down...
JOE	Yes, here's your drink right now, Irving. Take it easy. I'm sorry about that. Sit down, that's a good fellow. Have a... that's a boy.
IRVING	You're t... You're twisting my arm, you know.
JOE	Just... just be a little more careful not to spill...
IRVING	Spill? Who's been doing the spilling?
JOE	You.
IRVING	Me? Where did you find this loony? You're ok. Here's to you, huh? Here's hoping for the best. If it, if it wasn't for that hair, I... I... I'd swear that...
MONK A	(S'e fatto male?)
MONK B	(Ha bisogno aiuto?)
IRVING	Thanks.
JOE	You slipped, Irving. Slipped, you almost hurt yourself that time!
IRVING	I slipped? I almost hurt myself?

アービング：何だよ！ 何のマネだ……？

ジョー：ごめんよ、アービング。

アービング：おい、気を利かせることぐらいできる！ また会おう。

アン：ちょうど飲みものが来たわ。だから座って……。

ジョー：そうだ、飲みものが来たんだから、落ち着けよ、僕が悪かった。座ってくれ、友達だろ。座って……偉いぞ。

アービング：きみは……きみはさっきから無理強いばかりして。

ジョー：こぼさないようにもう少し気をつけてくれよ。

アービング：こぼす？ 誰がこぼしたんだ？

ジョー：きみだ。

アービング：僕だってのか？ このイカれた野郎とどこで知り合った？ きみはいいよ。きみに乾杯しよう。これからの幸せを願って。もし髪型さえ違ってたら、きみは絶対……。

修道士A：（おケガはありませんか？）

修道士B：（大丈夫ですか？）

アービング：どうも。

ジョー：滑ったんだよ、アービング。滑ってもう少しでケガするところだったぞ！

アービング：滑った？ ケガするところだったって？

take a hint：（相手の言動から）意図を感じとる

Take it easy.〈命令形〉落ち着いて、そう興奮しないで。別れのあいさつとして「じゃあね」という意味もある。＊ジョーは、spill に「こぼす」と「（秘密を）漏らす」、slip に「滑る」と「うっかり口に出る」、hurt に「けがをさせる」と「困る」、それぞれふたつの意味を含ませ、アービングに注意を促している。

be careful not to do：～しないように注意する、気をつける

loony：狂人
swear：断言する

JOE	(You did hurt yourself... behind the ear, I think. You've got a bad sprain there...)
IRVING	Joe, I didn't slip! Never mind I got a bad sprain, Joe.
JOE	(You'd better go in here and get it fixed up, pal.)
IRVING	(Well, yeah, I'd like to...)
JOE	Will you excuse us for a minute, Anya?
ANN	Yes, of course, I... I'm so sorry.

IRVING	(If I slipped, I slipped...) Now wait, now wait, just a minute, let... look, Joe, what are you trying to do? Now take your hands off!
JOE	Have you got your lighter? Have you got it?
IRVING	Yeah, but what are you trying to do to me?
JOE	Listen, what would you do for five grand?
IRVING	Five grand?
JOE	Yeah. Now, look, she doesn't know who I am or what I do. Look, Irving, this is my story. I dug it up, I gotta protect it!
IRVING	She's really the...?

ジョー：（ケガしたな……耳の裏のところ。ここをひどくひねってる……。）

アービング：ジョー、滑ってなんかないぞ! 捻挫したかどうかなんて、どうでもいい。

ジョー：（奥で手当てしたほうがいい）

アービング：（そうだな、俺も……）

ジョー：アーニャ、ちょっと失礼するよ。

アン：どうぞ、お大事にね。

──────────────────

アービング：（もし滑ってたら……）ちょっと待てよ。おい、ジョー。一体何のつもりなんだ? 手を離せよ!

ジョー：ライター持ってるか? 持ってるか?

アービング：持ってるさ。だが一体何のマネなんだよ?
ジョー：よく聞け、5000ドルが手に入ったらどうする?
アービング：5000ドル?

ジョー：ああ。いいか、彼女は知らないんだ。僕の素性も、仕事のこともね。これが言ってた記事だ。この偶然のチャンスを逃したくない!

アービング：じゃあ、彼女は本当に……?

sprain：くじくこと、捻挫

＊「ちょっと失礼してもよろしいでしょうか?」という意味では、よく Could [May] I be excused? が用いられる。これは学校で生徒が「トイレに行っていいですか?」と聞く場合にも使われる。
I'm so [very] sorry.：（大変）お気の毒です。

dug：dig の過去・過去分詞形。dig A up [dig up A] で「Aを偶然見つける［手に入れる］」。

JOE	Your tin-types are gonna make this little epic twice as valuable.
IRVING	"The Princess Goes Slumming."
JOE	You're in for twenty-five percent of the take.
IRVING	And the take's five 'G'?
JOE	Minimum. Hennessy shook hands on it.
IRVING	That's... that's fifteen hundred dollars!
JOE	It's twelve-fifty.
IRVING	Ok, now you shake.
JOE	OK, now, lend me thirty thousand.
IRVING	Thirty th... ? That's fifty bucks! You gonna buy the crown jewels?
JOE	She's out there now drinking champagne that I can't pay for. We got to entertain her, don't we?
IRVING	Joe, we can't go running around town with a... hot princess!
JOE	Ssh, you want in on this deal or don't you?
IRVING	This I want back Saturday.
JOE	Ok, now where's your lighter? Let's go to work.

ジョー：きみの写真があれば記事の値打ちは2倍になる。

アービング：王女様、スラムにお出かけ"か。

ジョー：きみの取り分は25パーセントだ。

アービング：5000ドルだな？

ジョー：それはヘネシーと手を打った時の最低額だ。
アービング：つまり……1500ドルってことか！

ジョー：1250だよ。

アービング：了解、交渉成立だ。

ジョー：よし、じゃあ3万貸してくれ。

アービング：3万……? 50ドルじゃないか！王冠の宝石でも買うつもりか？

ジョー：彼女は今シャンパンを飲んでて僕には払えない。楽しませなきゃいけないだろう。

アービング：ジョー、逃亡中の王女様と一緒に逃げ回るわけにはいかないよ！

ジョー：シーッ。この話に乗るのか、乗らないのか？

アービング：土曜日には返せよ。

ジョー：分かった。ライターはどこだ？　よし、仕事だ。

tin-type：紙ではなく鉄板に印画した旧式の写真
twice as 形容詞・副詞 as A：Aよりも2倍〜。3倍［4倍、…］は three [four …] times となる。

'G'：grand の短縮形

entertain：楽しませる、もてなす

hot：お尋ね者の、物議をかもしている

want in：〜に関わりたがっている

SCENE 14 : Irving's strange lighter

ANN	Better now?
IRVING	Huh?
ANN	Your ear.
IRVING	My ear? Oh, yeah, er, Joe fixed it. Er, would you care for a cigarette?
ANN	Yes, please. You won't believe this, but it's my very first.
JOE	Your very first? No, er, smoking in school, hmm?
IRVING	Your first cigarette... There, gismo works.
JOE	Well, what's the verdict, er... ok?
ANN	Nothing to it.
IRVING	That's right, nothing to it.
JOE	Er, commerierie. (Conto, per favore.)
IRVING	Stretch my legs a little, here.
JOE	I'll pick this one up, Irving.
IRVING	Yeah, you can afford it.

SCENE 14：アービングの秘密道具

アン：良くなった？

アービング：え？

アン：耳の具合よ。

アービング：耳？　ああ、ジョーが治してくれた。タバコはいかが？

Would you care for A?：Aはいかがですか？

アン：ええ、ありがとう。信じられないでしょうけど、タバコは生まれて初めてよ。

ジョー：生まれて初めて？　学校は禁煙？

No Smoking：〈掲示〉禁煙

アービング：初めてのタバコか……。さあ、点いたぞ。
ジョー：どうだい、感想は？　大丈夫？

gismo：仕掛け、からくり

verdict：判断、意見、評価

アン：何てことないわ。

アービング：そうだよ、何てことない。

That's right.：そのとおりです。

ジョー：すみません。（勘定を頼む）

Conto, per favore.：イタリア語。英語の Check, please.

アービング：ちょっと足を伸ばそう。

＊アービングは、カメラを仕込むために王女から離れようとしている。

ジョー：ここは僕のおごりだ、アービング。

pick A up [pick up A]：Aの勘定を支払う

アービング：ああ、金はあるだろ。

JOE	Well, what shall we do next? Shall we, er, make out a little schedule?
ANN	Oh, not that word, please!
JOE	Oh, I didn't mean a work sche... school schedule... I meant, er, a fun schedule.
ANN	Yes, let's just go, huh?
JOE	Well, how about you, Irving. Are you ready?
IRVING	Let's go.
FRANCESCA	(Ciao, Irving, come stai?)
IRVING	Francesca. Oh, er, this is...
ANN	Smitty.
JOE	She's a grand girl, Irving, grand. Er, five grand, Irving. Ciao.
FRANCESCA	Where are you going now?
IRVING	Honey, I got to work. I'll call you tonight.
AMBASSADOR	Look at those men! They were supposed to be inconspicuous.
GENERAL	You asked for plain clothes.

ジョー：さあ次はどうする？ 簡単にスケジュールを立てよう。

アン：まあ、その言葉は使わないで！

ジョー：いや、仕事のスケジュール……学校のスケジュールとは違うよ。遊びのスケジュールだ。

アン：じゃあ、行きましょう。

ジョー：きみはどうだい、アービング？ 準備できた？

How about ~ ?:〜はどうですか？

アービング：よし、行こう。

フランチェスカ：（アービング、元気？）

アービング：フランチェスカ。ああ、こちらは……。

アン：スミッティよ。

ジョー：素晴らしいお嬢さんだぞ、アービング。素晴らしい。あー、5000だよ、アービング。じゃあ。

＊ grand には「素晴らしい、申し分のない」という意味もあり、ここでは「ドル」とかけている。

フランチェスカ：今からどこへ行くの？

アービング：悪いが仕事があるんだ。今夜電話するよ。

大使：あの連中を見ろ！ 目立たない格好のはずだったのに。

inconspicuous：目立たない、注意を引かない

将軍：あなたが地味な服装にしろと言ったんでしょう。

plain：（衣服などが）地味な、無地の

SCENE 15 : Sightseeing in Rome

JOE | Hey! Stop, come back before people get hit! (Hey, come back. Let me take this. Let me take over.)

ANN | (No, no, no. I... I can do it.)

IRVING | Oh... I'm going straight from now on.

ANN | American News Service? What did he mean?

JOE | Huh? Oh, well, you know, you say you're with the press and you can get away with anything.

IRVIN | Yeah... ha! Go to church to get married on a scooter, that's a hot one! Joe's a wonderful liar!

MAN A | Congratulations!

MAN B | (Tanti bei bambini cosi. Auguri, eh. Auguri...)

ANN | You don't have to look so worried. I won't hold you to it.

JOE | Thank you very much.

ANN | You don't have to be too grateful!

JOE | Ok, I won't.

SCENE 15：ローマでお散歩

ジョー：おい、止まれ、人を轢く前に戻ってこい！
（おい、戻れ。ハンドルを握らせろ。俺が運転する。）

アン：（だめだめ。私がやるわ。）

アービング：ああ……これからはまじめに生きるよ。
アン：アメリカ時報って？　彼は何を言ってたの？

ジョー：ああ、あれはだな、報道業界の人間だと言えば何でも見逃してもらえるんだ。

アービング：ああ……はは！　結婚式のためにスクーターで教会に向かってたなんて、最高だね！ジョーはウソがうまいよ！
男A：おめでとう！

男B：（こんなに美男美女とは。おめでとう、お幸せに。）
アン：心配しないで。そのウソであなたを縛ったりしないわ。

ジョー：ありがたい。

アン：そんなにありがたがるなんて失礼よ！

ジョー：分かった。ありがたいなんて思わないよ。

＊二人が乗っているスクーターは、イタリアのオートバイ・メーカー、ピアジオ（Piaggio & C. S.p.A）が製造販売する「ベスパ（Vespa）」。ベスパは1946年に登場し、ラテン語で「スズメバチ」という意味である。

go straight：誠実に生きる、（服役後）更生する。「まっすぐに進む」という意味もある。
from now on：今後は

get away：逃げる

get married (to A)：（Aと）結婚する
liar：（特に常習的な）うそつき

Congratulations!：（成功などを祝して）おめでとう！　新年・クリスマスなどの「おめでとう」には用いない。

ANN | I'm a good liar too, aren't I, Mr. Bradley?

JOE | The best I ever met.

ANN | Thank you very much.

JOE | Say... come with me!

JOE | It's "The Mouth of Truth". The legend is that if you're given to lying, you put your hand in there, it'll be bitten off.

ANN | Ooh, what a horrid idea.

JOE | Let's see you do it.

ANN | Let's see you do it.

JOE | Sure. Hello!

ANN | You beast! It was perfectly all right! You're not hurt!

JOE | I'm sorry, it was just a joke! All right?

ANN | You've never hurt your hand.

JOE | (I'm sorry, I'm sorry.) Ok? All right, let's go. Look out!

IRVING | I'll park at the corner.

アン：私もウソがうまいでしょ、ブラッドレーさん？

ジョー：僕の知ってる中で一番うまい。

アン：ありがとう。

ジョー：そうだ……ついてきて！

ジョー："真実の口"だ。伝説によれば、ウソ
つきの人がここに手を入れると、食べられちゃ
うんだ。

legend：伝説、言い伝え
bitten：bit「〜をかみ切る」の過
去分詞形

アン：まあ、怖いわね。

ジョー：やってごらん。

アン：やってみて。

ジョー：いいとも。こんにちは！

＊手を隠した演技は、G・ペック
のアドリブだった。

アン：ひどい人！　何ともないじゃない！　無事
だったのね。

You beast!：こいつめ！

ジョー：ごめんよ、ほんの冗談さ。大丈夫かい？

アン：手はケガしてないのね。

ジョー：（ごめん、ごめん）大丈夫？　よかった、
行こう。危ない！

アービング：角に駐車してくる。

ANN | What do they mean, all these inscriptions?

JOE | Well, each one represents a wish fulfilled. All started during the war, when there was an air raid, right out here. A man with his four children was caught in the street. They ran over against the wall, right there, for shelter, prayed for safety. Bombs fell very close but no one was hurt. Later on, the man came back and he put up the first of these tablets. Since then it's become sort of a shrine. People come, and whenever their wishes are granted, they put up another one of these little plaques.

ANN | Lovely story.

JOE | Read some of the inscriptions. Make a wish? Tell the doctor?

ANN | Anyway, the chances of it being granted are very slight.

IRVING | Well, what now?

ANN | I've heard of a wonderful place for dancing on a boat.

JOE | Oh, you mean the barges down by Sant' Angelo.

ANN | Yes! Couldn't we go over tonight?

IRVING | Hey, why not?

JOE | Anything you wish.

アン：この碑文は何を意味してるの？

ジョー：かなえられた願いが刻まれているんだ。ことの始まりは戦時中、すぐそこで空襲があった時だ。4人の子どもを連れた男が通りで空襲に遭った。彼らはこの壁まで走って逃げ、隠れて無事を祈った。爆撃は近かったが、家族は全員無事だった。後日、彼はここに戻って最初の板を立てかけたんだ。それ以来ここは、一種の聖地になった。人々がやってきてはお祈りをし、願いがかなうと小さな板をかけるようになったというわけ。

アン：ステキな話ね。

ジョー：いくつか読んでごらん。お願いごとかい？先生に教えてくれる？

アン：いずれにしても、かなう可能性はとても低いわ。

アービング：さて、次はどうする？

アン：船上でダンスができると聞いたの。

ジョー：ああ、サンタンジェロのそばのはしけ船のことだな。
アン：そこよ！ 今夜行かない？

アービング：もちろんさ。

ジョー：きみのお望みなら何でも。

---

inscription：記された［刻まれた］もの、碑文
＊この壁は、ポリクリニコ通り（Viale del Policlinico）がロケ地で、石版は現在、Santuario della Madonna del Divino Amore という教会にあると言われている。
represent：〜を（文字・記号などで）表現［表示］する
during：〜の間ずっと。during はその間にある出来事が起こった時に用い、期間そのものを表す時には for を用いる。
raid：襲撃、急襲
caught：catch の過去・過去分詞形。主に受身で「を不意に襲う、に不意打ちをする」。
pray (for A)：（Aを）祈る、祈願する
later on：あとで、追って。対義語は earlier on。
whenever：〜する時はいつも、〜するたびに

grant：〈人の願いなどを〉かなえる。take 〜 for granted で「〜を当然のことと思う」。

barge：平底荷船、はしけ

Why not?：いいとも、もちろん

ANN	And at midnight, I'll turn into a pumpkin and drive away in my glass slipper.
JOE	And, that'll be the end of the fairy tale. Well, I guess, er, Irving has to go now.
IRVING	I do?
JOE	Yes, you know, that big business development of yours that you have to attend to?
IRVING	Ah, oh, the development!
JOE	Yes, can't afford not to take care of that.
IRVING	Yeah. Er, I'll, er, see you later, Smitty.
ANN	Good luck with the big development.

ちょっとひと息 Intermission

『ローマの休日』に登場した名所旧跡 ④

⑦パンテオン (86～102頁)

アン王女がシャンパンを飲んでいたのは、パンテオン近くのカフェです。

パンテオン近くには、おいしいカフェがたくさんあるそうです。

ローマの神々のために建てられた神殿でしたが、その信仰が失われた後も、カトリックの聖堂として、現存しています。

アン：12時にはガラスの靴を履いて、カボチャの馬車で急いで帰らなくちゃ。

ジョー：それでおとぎ話もおしまいか。そうだ、アービングはもう帰らなきゃな。

アービング：帰る？

ジョー：ああ、きみにはあの大きなビジネス・プロジェクトが待ってるだろう？

アービング：ああ、あのプロジェクトか！

ジョー：そうだよ、やらないわけにはいかないよな。

アービング：ああ。ではまたあとで、スミッティ。

アン：プロジェクト頑張ってね。

turn into ~：～に入る、乗り入れる

fairy tale [story]：おとぎ話、童話

＊developmentには、「開発、発展」と「（写真の）現像」の意味があり、両方をかけている。

⑧コロッセオ（104頁）

スクーターに乗って、アン王女とジョーが最初に訪れた、古代ローマ時代を代表する建造物です。

収容人数約5万人という巨大な円形闘技場で、当時は剣闘士と猛獣との死闘などが繰り広げられていました。

コロッセオの内部は、現在、地下にあった施設がむき出しになっています。

SCENE 16 : A tomboy struggles!!

ANN | Mr. Bradley, if you don't mind my saying so, I... I think you are a ringer.

JOE | Oh, wha...? Oh, thanks very much.

ANN | You've spent the whole day doing things I've always wanted to. Why?

JOE | I don't know. Seemed the thing to do.

ANN | I've never heard of anybody so kind.

JOE | Wasn't any trouble.

ANN | Or so completely unselfish.

JOE | Let's have a drink at the bar.

MARIO | Oh! Finalmente! There you are! Er, scusatemitanto. I look for you a long time. I think maybe you not come. Ah, off, all off!

ANN | Oh, it's nice without, isn't it? Cool.

MARIO | Oh, very, very good.

ANN | This is Mr. Bradley.

MARIO | I, Mario Delani.

SCENE 16：おてんば娘が大奮闘!!

アン：ブラッドレーさん、言わせていただくなら、あなたは "ソックリ" ね。

ジョー：は？　ああ、どうもありがとう。

アン：一日中私につき合って、望んでいたことをさせてくださったのはなぜ？

ジョー：さあ。そうするべきだと思ったからかな。

アン：こんなに親切な方は初めてよ。

ジョー：大したことじゃない。

アン：それとも、よほど無欲なお方なのね。

ジョー：バーで飲もう。

マリオ：やっと会えた！　来てくれたんだね。ずっと捜してたんだよ。もう来ないかと思ってた。ああ、全部カットしたんだ。

アン：まあ、ヒゲがないほうがステキよ。カッコイイわ。
マリオ：うん、とってもいいよ。

アン：こちらはブラッドレーさん。

マリオ：私はマリオ・ディラーニです。

＊アンは ringer の意味を、「とても魅力的な人」と思い込んだままである。

spent：spend の過去・過去分詞形。spend doing で「〜して過ごす」。

unselfish：利己的でない、自己本位でない

a long time：長い間、ずっと

JOE	Old friends?
ANN	Oh, yes, he cut my hair this afternoon. He invited me here tonight.
JOE	Wha... what did you say the name was?
MARIO	Delani, Mario Delani.
JOE	Mario Delani. I'm very glad to know you.
MARIO	Me too. Oh, may I enjoy myself, er, the pleasure? You mind?
JOE	No, no, go right ahead.
MARIO	Thank you.
IRVING	Ciao, Joe. Did I miss anything?
JOE	You're just in time, pal.
IRVING	Who's Smitty dancing with?
JOE	Barber, cut her hair this afternoon, made a date for tonight.
IRVING	"The Princess and the Barber".
ANN	What is it?
MARIO	Moment.
SECRET SERVICE MAN A	August!

ジョー：昔からのお友達？

アン：ええ、午後私の髪を切ってくれた方よ。今夜ここに誘ってくださったの。

invite：招く、招待する。call よりも丁寧な表現である。

ジョー：お名前は何とおっしゃっいました？

マリオ：マリオ・ディラーニです。

ジョー：マリオ・ディラーニさんね。お会いできて嬉しいよ。

マリオ：こちらこそ。あの、私も楽しんできていいかな？　もしよろしければ。

enjoy oneself：愉快に過ごす、楽しむ

ジョー：もちろんですよ、どうぞ。

go ahead：どうぞお先に

マリオ：ありがとう。

アービング：やあ、ジョー。間に合ったかな？

miss：（ねらったものを）逃す

ジョー：ちょうどいい時に来た。

in time：早く、間に合って

アービング：スミッティと踊ってるのは誰だ？

ジョー：美容師だ。今日の午後彼女の髪を切って、今夜のデートにも誘ったらしい。

アービング："王女と美容師" か。

アン：どうかした？

マリオ：待って。

秘密捜査官 A：オーギュスト！

MARIO	Oh! Thank you. Bye.
SECRET SERVICE MAN B	Your Highness. You'll dance quietly <u>towards</u> the entrance. There is a car waiting.
ANN	No.
SECRET SERVICE MAN B	Your Highness, please!
ANN	You... you've <u>made a mistake</u>. I non parlo Inglese. Let me go! Will you let me go? Mr. Bradley! Let me go, will you? Mr. Bradley!
IRVING	Hit him again, Smitty! Joe, give me my car keys.
JOE	Police! Police! Come on!
IRVING	The other side of the bridge.

ちょっとひと息 Intermission

『ローマの休日』に登場した名所旧跡 ⑤

⑨ヴィットリオ・エマヌエーレ 2世記念堂（104頁）

アン王女とジョーがスクーターに乗って、ローマの街を走るとき、この建物の前を通ります。

ローマ市街の中心であるヴェネチア広場にそびえています。

イタリア統一時の初代国王となった、ヴィットリオ・エマヌエーレ2世を記念するために、建てられました。

ローマの名所としては、比較的新しい建造物であるのが特徴的です。

マリオ：ありがとう。それじゃ。

秘密捜査官Ｂ：王女様。このまま踊りながら出口に向かいます。車を待たせてありますから。

toward(s)：〜の方へ、に向かって

アン：イヤよ。

秘密捜査官Ｂ：王女様、お願いです！

アン：あなた、人違いだわ。英語は分かりません。手を離してちょうだい！　離してよ！　ブラッドレーさん！　離してよ。助けて、ブラッドレーさん！

make a mistake：まちがう、誤解する
parlo Inglese：イタリア語。英語の speak English。

アービング：もう一度殴れ、スミッティ！ジョー、僕の車の鍵をくれ。
ジョー：警察だ！　警察！　こっちに！

アービング：橋の向こう側に行くんだ。

⑩真実の口（106頁）

　ジョーが悪ふざけをして、アン王女を驚かせた有名なシーンです。
　「サンタ・マリア・イン・コスメディン教会」に飾られている石の彫刻ですが、もとはマンホールの蓋だったそうです。
　いまでは、イタリアで一番の観光スポットになっています。

SCENE 17 : The partner
forbidden love

JOE | All right?

ANN | Fine. How are you?

JOE | Oh, fine! Say, you know, you were great back there.

ANN | You weren't so bad yourself.

JOE | Well... I... I guess we'd better get Irving's car, and get out of here.

NEWSCASTER | *This is the American Hour from Rome, continuing our program of musical selections.*

JOE | Everything ruined?

ANN | No. They'll be dry in a minute.

JOE | Suits you. You should always wear my clothes.

ANN | Seems I do.

JOE | I thought a little wine might be good.

ANN | Shall I cook something?

SCENE 17：惚れてはいけないお相手

ジョー：大丈夫か？

アン：ええ。あなたは？

ジョー：ああ、大丈夫だ。それにしても、さっきは見事な活躍だったな。

back：力になってくれる人、協力者、助っ人

アン：あなたも悪くなかったわ。

not so bad：まあまあだ、なかなかよい。not bad、not too bad とも言う。

ジョー：もう……もう、アービングの車でここを出たほうがいいな。

──────────────────────

ニュースキャスター：ローマからニュース速報です。引き続き音楽番組をお送りします。

ジョー：全部台なし？

ruin：台なしにする

アン：いいえ、すぐ乾くわ。

in a minute：すぐに

ジョー：よく似合うよ。いつも僕の服を着てたらいいのに。
アン：そうね。

should：〈二人称主語で助言・推奨〉ぜひ〜したまえ、君に〜させたいね

ジョー：ワインを少しだけ飲むといい。

アン：何か作りましょうか？

JOE | No kitchen. Nothing to cook, I always eat out.

ANN | Do you like that?

JOE | Well, life isn't always what one likes, is it?

ANN | No, it isn't.

JOE | Tired?

ANN | A little.

JOE | You've had quite a day.

ANN | A wonderful day!

NEWSCASTER | *This is the American Hour from Rome, broadcasting a special news bulletin in English and Italian. Tonight, there is no further word from the bedside of Princess Ann in Rome, where she was taken ill yesterday on the last leg of her European goodwill tour. This has given rise to rumors that her condition may be serious, which is causing alarm and anxiety among the people in her country.*

ANN | The news can wait till tomorrow.

JOE | Yes.

ANN | May I have a little more wine? I'm sorry I couldn't cook us some dinner.

JOE | Did you learn how in school?

ジョー：台所はない。材料もないよ。いつも外食なんだ。
アン：それでいいの？

eat out：外で食事をする。対義語は eat in「家で食事をする」。

ジョー：そうだな、人生はいつも思いどおりにはいかない。だろ？
アン：ええ、そうね。

ジョー：疲れた？

アン：少しだけ。

ジョー：大変な一日だったな。

アン：素晴らしい一日だったわ。

ニュースキャスター：ローマからニュース速報を英語とイタリア語でお伝えします。ローマ滞在中のアン王女のご容体について詳しい情報は入っておりません。王女は昨日、欧州視察の最後の訪問地ローマで病に倒れました。詳細が明らかにされていないことから、ご病状は深刻とのうわさもささやかれており、母国の国民の間にも王女のご容体を懸念する声が広がっています。

bulletin：〜を公表する、知らせる
further：far の比較級で、「さらに付け加えられた、それ以上の」。
alarm：不安、恐怖
anxiety：心配、懸念
among：〈三つ以上のものについて〉〜の間に［で］。ふたつの場合は between を用いる。

アン：ニュースなんて明日でいいわ。

ジョー：そうだな。

アン：ワインをもう少しくださる？ 夕食を作ってあげられなくて残念だわ。

ジョー：学校で習ったの？

ANN	Mmmm, I'm a good cook. I could <u>earn my living</u> at it. I can sew too, and clean a house, and iron. I learned to do all those things. I just... haven't had the chance to do it for anyone.
JOE	Well, looks like I'll have to move... and get myself a place with a kitchen.
ANN	Yes. I... have to go now.
JOE	... there's... something that I want to tell you.
ANN	No, please. Nothing. I must go and get dressed.

ちょっとひと息 Intermission

映画の物語に関するマメ知識

『ローマの休日』とアカデミー賞の裏話

　『ローマの休日』は 1953 年度（第 26 回）のアカデミー賞で 10 部門にノミネートされて 3 部門で受賞しました。

　受賞の一つは、オードリー・ヘプバーンの主演女優賞です。映画の物語が始まる前のクレジット表記でオードリーは、"and introducing　AUDREY HEPBURN" となっています。"introducing" は直訳すれば「紹介」ですが、ここでは「主演の新人をご紹介します」といった意味で、本作がハリウッド映画の主役デビューとなったオードリーにピッタリです。

　二つ目はオードリーを美しく彩ったファッションに贈られた衣裳デザイン賞です。受賞したイーディス・ヘッドは、この映画を含めて同賞を 8 度も受賞した、ハリウッド映画衣裳デザインの第一人者です。

　それでは、三つ目は何でしょうか？

　答えは原案賞です。原案賞とは脚本の基になる物語に授与されるもので、1956 年度第 29 回を最後に、現在のアカデミー賞では廃止されています。なお、映画独自の脚本に授与されるのは脚本賞です。また、『ローマの休日』は脚色賞にもノミネートさ

アン：ええ、料理は上手なのよ。それで生計を立てられるくらい。お裁縫やお掃除、アイロンがけだって。全部ひととおり習ったわ。ただ……ただ、人のために作ってあげる機会がないだけ。

ジョー：だったら、台所つきの家に引っ越したほうが良さそうだな。

アン：そうね。私は……もう帰ります。

ジョー：きみに……話したいことがある。

アン：やめて。何も言わないで。着替えてこなきゃ。

earn one's living [livelihood]：生計を立てる

＊愛の告白を暗にほのめかすジョーの言葉に、アンは気持ちが揺らぎつつも最後は別れを決心する。

れました。脚色とは原案を脚本化したということです。

さて、その"原案"は映画のクレジットでは"Story"で、現在ではダルトン・トランボがクレジットされていますが、映画初公開時のクレジット及び、アカデミー賞の発表当時の原案賞受賞者はイアン・マクラレン・ハンターでした。なお、脚本"Screenplay"には、ハンターとジョン・ダイトンがクレジットされています。

では何故、映画初公開時にトランボの名前が原案にクレジットされなかったのかというと、当時トランボは名前を公に出来なかったからなのです。

アメリカでは1940年代後半から50年代中頃にかけて、共産党員やその関係者を排除する通称"赤狩り"が行われ、映画業界でも共産党との関わりを疑われた人物のブラックリストが作られました。トランボは非米活動委員会の聴聞会で証言を拒否するなど有罪判決を受け服役し、ハリウッドを追放された一人だったのです。そのため『ローマの休日』では自分の名前を伏せて、友人のハンターの名義を借りたのでした。

アカデミー賞を主催する映画芸術科学アカデミー協会が、『ローマの休日』の原案賞をトランボに変更したのは映画公開から約40年後の1992年。翌年の授賞式で、既に亡くなっていたトランボの代わりに、妻に原案賞が授与されました。

ハリウッド映画の典型的なハッピーエンドと異なる『ローマの休日』の物語には、アカデミー賞にまつわるこんなビターな裏話があったのです。

SCENE 18 : "Love" or "Work"?

ANN | Stop at the next corner, please.

JOE | Ok. Here?

ANN | Yes. I have to leave you now. I'm going to that corner there, and turn. You must stay in the car and drive away. Promise not to watch me go beyond the corner. Just drive away and leave me, as I leave you.

JOE | All right.

ANN | I don't know how to say goodbye. I can't think of any words.

JOE | Don't try.

AMBASSADOR | Your Royal Highness, twenty-four hours... they can't all be blank.

ANN | They are not.

AMBASSADOR | But what explanation am I to offer Their Majesties?

ANN | I was indisposed. I am better.

SCENE 18：恋か仕事か？揺れる想い

アン：次の角で止めてください。

ジョー：分かった。ここ？

アン：ええ。ここでお別れです。私はあの角まで行ったら、曲がります。車から降りないで、そのまま走り去って。私が角を曲がるまで見ないと約束してください。ただ、そのまま走り去ってお別れして。私もそうするわ。

ジョー：分かった。

アン：何とお別れを言ったらいいか分からない。言葉が見つからないわ。

ジョー：無理しなくていい。

大使：王女様、24時間もの間……何もなかったはずがありません。

アン：ええ。

大使：両陛下に何とご説明すればよいのですか？

アン：体調がすぐれなかったが今は回復したと。

＊ watch「注意をそらさずずっと見る」は、変化のあるものを持続的に見る意味を含んでいる。 look は対象に視線を向ける動作に重点をおく。see は映像を受身的に目でとらえることと、意図的に認知することの両義がある。

can't be：〜であるはずがない

offer：申し出る、提供する

indispose：〜を（軽い）病気にかからせる

AMBASSADOR	Ma'am, you must <u>appreciate</u> that I have my <u>duty</u> to <u>perform</u>, just as Your Royal Highness has Her duty...
ANN	Your Excellency, I trust you will not find it necessary to use that word again. <u>Were I not</u> completely aware of my duty to my family and my country, I would not have come back tonight. Or indeed, ever again. Now, since I understand we have a very full schedule today, you have my permission to withdraw. No milk and crackers. That will be all, thank you, Countess.

HENNESSY	Joe, is it true? Did you really get it?
JOE	Did I get what?
HENNESSY	The Princess story, the exclusive! Did you get it?
JOE	No, no, I didn't get it.
HENNESSY	What? But that's <u>impossible</u>!
JOE	Have a cup of coffee or something?
HENNESSY	Joe, you can't <u>hold out on</u> me.
JOE	Who's holding out on you?

大使：王女様、私には私の任務があることをよく認識していただかなければ。王女様には王女様の任務があるのと同じです。

アン：閣下、そのお言葉は二度とお使いにならないでください。もし、わが王家や母国に対する自らの任務を少しでも自覚していなければ、今夜は戻っていなかったでしょう。あるいは、永久に。それでは、明日は大変忙しいスケジュールが待っていることと思いますから、もう下がって結構です。ミルクとクラッカーは要りません。伯爵夫人も下がって結構です。

appreciate：十分に意識する、よく理解する
duty：職務、任務
perform：（任務などを）なす、成し遂げる
Were I not：仮定法 If I were not で if を省略した場合、主語と（助）動詞の語順が転倒する。
＊アンの毅然とした態度や表情、また「No milk and crackers. 」というセリフからも、女性として成長したことが分かる。

ヘネシー：ジョー、本当だったのか？あれを本当に手に入れたのか？
ジョー：何のことですか？

ヘネシー：王女の独占インタビューだよ。取ったのか？
ジョー：いや、ダメでした。

ヘネシー：何だって？　そんなはずないだろ！

ジョー：コーヒーでも飲みますか？

ヘネシー：ジョー、隠したって無駄だぞ。

ジョー：誰も隠してやいませんよ。

impossible：とてもありえない、信じがたい

hold out on a person：（人に）隠しごとをする

HENNESSY	You are. I know too much! First you come into my office and ask about an exclusive on the Princess. Next, you disappear. Then I get the rumor from my contact at the Embassy that the Princess isn't sick at all and she's out on the town.
JOE	What kind of a newspaper man are you? You believe every two-bit rumor that comes your way?
HENNESSY	Yeah. And a lot of other rumors, about a shindig at a barge down by the river, and the arrest of eight Secret Service men from a country which shall be nameless. And then comes the news of the lady's miraculous recovery. It all adds up! And don't think by playing hard-to-get you're gonna raise the price of that story. A deal's a deal! Now, come on, come on, come on. Where is that story?
JOE	I have no story.
HENNESSY	Then what was the idea of...
IRVING	Joe! Man, wait till you see these!
JOE	Irving.
IRVING	Hiya, Mr. Henne... oh, you got here at the right time. (Wait till you get a look at...)
JOE	Irving!

ヘネシー：隠してるさ。分かってるんだぞ！
きみはオフィスに入ってくるなり王女の独占イ
ンタビューを提案し、こつぜんと姿を消した。
その後、大使館のコネから、彼女は全く病気で
はなく街にいるとのうわさを聞いた。

contact：（情報・恩恵などの得られる）関係筋、コネ、つて

ジョー：新聞記者たる者が、ろくでもないうわ
さをいちいち信じるんですか？

two-bit：お粗末な、つまらない。「25 セントの」という意味もある。

ヘネシー：ああ、うわさはほかにもたくさんあ
るぞ。川のはしけ船で騒動があったとか、あ
る国から来た秘密捜査官8人が逮捕されたとか
ね。そして王女が奇跡的に回復したとのニュー
スだ。すべてつじつまが合う！もったいぶって
金額を吊り上げようなんて思うなよ。取引は取
引だ！ さあ早く出せ。記事はどこだ？

shindy：騒動
arrest：逮捕
add up：つじつまが合う、筋がとおる

ジョー：記事はありません。

ヘネシー：それじゃあれは何の……。

アービング：ジョー！ おい、見たらビックリ
するぞ！
ジョー：アービング。

アービング：どうも、ヘネシーさん。ちょうど
いい時にいらした。（見たら驚きますよ……。）

right：都合のよい、ぴったりの

ジョー：アービング！

SCENE 19 : More important than 5 grand

IRVING	What's the idea?!
JOE	What do you mean, charging in and spilling things all over my place!
IRVING	Who's spilling?
JOE	You did! I spoke to you about that once before. Don't you remember?
IRVING	Joe, look at my pants!
JOE	Yeah, you better come in here and dry them off, Irving.
IRVING	Aww, nuts to that. Hey, did you tell him about Smitty?
HENNESSY	Smitty?
IRVING	(Oh ho! Mr. Hennessy, wait till you...)
JOE	Irving! There you go again, Irving! Hey, all right, save that till later. You're here early anyway. Why don't you go home and shave!
IRVING	Shave?
JOE	Yeah, or else keep quiet till Mr. Hennessy and I are finished talking.

SCENE 19：5000 ドルよりも大切なもの

アービング：何なんだよ？

ジョー：そっちこそ何だ、急に押しかけてきて部屋中にこぼしやがって！

*この場面でもジョーは spill に「こぼす」と「秘密を漏らす」の意味を持たせているが、アービングは全く気づかない。
charge：突撃［突進］する

アービング：誰がこぼしたって？

ジョー：きみだよ！ 前にも注意しただろ。忘れたのか？

アービング：ジョー、ズボンをどうしてくれるんだ！
ジョー：ああ、中で乾かしてこいよ、アービング。

nuts：ばかな、くそくらえ、ちえっ

アービング：いや、そんなのいいさ。スミッティのことはもう話したのか？

ヘネシー：スミッティ？

アービング：（まだですか？ ヘネシーさん、驚く……）
ジョー：またかよ、アービング！ おい、分かったからそれはあとにしろ。来るのが早すぎたな。家に帰ってヒゲでも剃れ！

Why don't you ~ ?：〈勧誘・忠告〉～したらどうですか？

アービング：ヒゲ？

ジョー：ああ。じゃなければ、こちらの話が終わるまで静かにしててくれよ。

or else：でなければ、さもないと
finish doing：～することを終える

131

HENNESSY	Hey, what kind of a _routine_ is that? What are you guys _up to_? Who's Smitty?
JOE	Oh, he's a guy that we met. You wouldn't _care for_ him...
HENNESSY	What am I supposed to look at?
JOE	Oh, just a couple of Irving's _dames_. You, you wouldn't like them. Er, maybe you would...
HENNESSY	Don't change the subject! When you came back into my office yesterday...
JOE	Yeah, I know, yesterday at noon I thought I had a good lead, but I was wrong! _That's all there is to it._ There is no story.
HENNESSY	Ok. She's holding the press interview today. Same time, same place. Maybe that's one story you can get! And you owe me five hundred bucks!
JOE	Take it out of my salary, fifty bucks a week.
HENNESSY	Don't think I won't!
IRVING	Hey, _what gives_? Have we had a better offer?
JOE	I, I don't know just how to tell you this, but...
IRVING	Wait till I sit down.

ヘネシー：おい、どういうことなんだ？ きみたちは何をたくらんでる？ スミッティって誰だ？

routine：決まりきった仕事、日常の仕事
up to：〜しようとして、もくろんで

ジョー：ああ、僕たちが知り合った男です。お気に召しませんよ……。

care for 〜：〜を好む、したがる

ヘネシー：何を見せようとしてたんだ？

ジョー：いや、アービングの恋人が写っているだけです。お好みじゃありませんよ。それともお好きかな……。

dame：女

ヘネシー：話をそらすな！昨日きみが私のオフィスに戻ってきた時は……。

ジョー：ええ、昨日の正午はいい当てがあると思ったんですが、僕の勘違いでした！ それだけのことです。だから記事はありません。

that's all (there is to it)：それで終わり、それだけのことだ

ヘネシー：分かった。王女は今日記者会見を開く。時間と場所は同じだ。その記事なら取れるだろう！それから500ドルの貸しだぞ！

ジョー：週50ドルずつ、給料から天引きしてください。
ヘネシー：当たり前だ。

アービング：おい、どうしたんだ？もっといい買い手がついたのか？
ジョー：きみに何と説明したらいいか分からないんだが……。
アービング：座るから待て。

What gives?：〈驚き〉何が起こったんだ？ What's up? とも言う。

JOE	Well, in regard to the story... that goes with these... there is no story.
IRVING	W... why not?
JOE	I mean, not as far as I'm concerned.
IRVING	Er, well, the, er, pictures came out pretty well. You wanna have a look at them? How about a blow-up from a negative that size, huh?
JOE	Yeah. Ha, that's her first cigarette, huh?
IRVING	(Oh yeah, at Rocca's.) Hey, the Mouth of Truth. Oh, you wanna know the caption I had in mind, there? "Barber cuts in", huh?
JOE	Well, here's the one I figured, would be the key shot for the whole layout. "The Wall Where Wishes Come True", hmm?
IRVING	Joe, that's good! Lead off with that, then follow up with the wishes? I dug that up out of a file. "Princess Inspects Police". "Police Inspects Princess". Huh? How about that?
JOE	Yeah. Pretty good, pretty good.
IRVING	(Oh, wait Joe, I got topper for you, there.) Is that a shot?
JOE	What a picture!

ジョー：この写真につける記事のことだが……記事はない。

アービング：何でだ？

ジョー：つまり、僕には書けないということだ。

アービング：そうか……。写真の出来は上々だよ。見てみるか？ あのサイズのネガから引き伸ばしたんだぞ。

ジョー：はは！ 初めてのタバコだな。

アービング：（ああ、ロッカズでだ）これは "真実の口"。僕が考えた見出しを知りたいか？ "美容師の割り込み" だ。いいだろ？

ジョー：これは記事全体の中でも重要な1枚になるな。"願いがかなう壁" ってのはどうだ？

アービング：いいよ、ジョー！ その出だしに続いて王女の願いを入れよう。ファイルから見つけてきた。"王女、警察を訪問"。"警察、王女を尋問"。どうだい？いいだろ？

ジョー：ああ、よくできてるね。

アービング：（待ってろジョー、いいものを見せてやる）傑作だろ？

ジョー：すごいな！

in [with] regard to ~：～に関しては

as [so] far as A be concerned：Aに関しては、としては。where A be concerned とも言う。
blow-up：（写真の）引き伸ばし

caption：見出し、表題
have A in mind：A を考えて [計画して] いる
＊cuts in に、haircut をかけている。

pretty：ずいぶん、とても

topper：逸品、すぐれた人

IRVING	Is that a shot, Joe? "Body Guard Gets Body Blow"!
JOE	Yeah. No, no, how about this? "Crowned Head", huh?
IRVING	Oh, I get it! That... Joe, you got... She's <u>fair game</u>, Joe. It's always <u>open season</u> on princesses. You must be out of your mind!
JOE	Yeah, I know, but, er, look, I can't <u>prevent</u> you <u>from</u> selling the pictures, if you wanna. You'll get a good price for them. You going to the interview?
IRVING	You going?
JOE	Yeah. Well, it's an assignment, isn't it?
IRVING	I'll see you.

ちょっとひと息 Intermission

『ローマの休日』に登場した名所旧跡 ⑥

⑪サンタンジェロ城（112〜116頁）

　2人が参加した、船上ダンスパーティが催された場所です。アン王女が情報部員から逃げるため、川に飛び込み、「サンタンジェロ橋」の下まで泳いでいます。

　139年にハドリアヌス帝の霊廟として建設され、後に軍事施設や牢獄などに転用されました。

　現在は、博物館として利用されています。

アービング：傑作だろ、ジョー？ "ボディガードにボディブロー"！

ジョー：だな。いや、それともこれは？ "冠の贈呈"？

アービング：なるほど！ うまいよ、ジョー。そりゃいい……。彼女は格好のネタなんだ、ジョー。王女なんて常にマスコミの批判にさらされるもんだ。どうかしてるぞ！

ジョー：ああ、分かってるが……。いいかい、きみに写真を売るなとは言えない。もし売りたければね。いい値がつくだろう。記者会見には行くのか？

アービング：そっちは？

ジョー：行くよ。それが仕事だろう。

アービング：またあとでな。

fair [easy] game：格好の餌食［獲物、的］

open season：狩猟期。対義語はclosed［（英）close］season「禁猟期」。

prevent A from doing：A が〜するのを妨げる［邪魔する］

⑫コロンナ宮殿（138〜142頁）

アン王女が記者会見を行うシーンに使用されました。

ローマの貴族、コロンナ家のローマ教皇、マルティヌス5世の依頼により、15世紀に建造されました。

外観は地味な建物ですが、内装はベルサイユ宮殿以上に絢爛豪華と言われています。

現在は、コロンナ美術館として、コロンナ家が収集した絵画などを所蔵しています。

SCENE 20 : As a Princess and a press

IRVING	It ain't much, but it's home.
EMBASSY ANNOUNCER	Ladies and Gentlemen, please approach.
M.C.	Sua Altezza Reale, Her Royal Highness.
AMBASSADOR	Your Royal Highness, the ladies and gentlemen of the press.
M.C.	Ladies and gentlemen, Her Royal Highness will now answer your questions.
DEAN OF PRESS	I believe at the outset, Your Highness, that I should express the pleasure of all of us at your recovery from the recent illness.
ANN	Thank you.
CORRESPONDENT A	Does Your Highness believe that federation would be a possible solution to Europe's economic problems?
ANN	I am in favor of any measure which would lead to closer cooperation in Europe.
CORRESPONDENT B	And what, in the opinion of Your Highness, is the outlook for friendship among nations?
ANN	I have every faith in it, as I have faith in relations between people.

SCENE 20：王女そして記者としての再会

アービング：大した家じゃないんだな。

大使館アナウンサー：皆様、こちらにお集まりください。

司会者：王女妃殿下のお出ましです。

大使：王女様、こちらが記者の皆様です。

司会者：それでは、王女妃殿下が皆様のご質問にお答えします。

記者代表：王女様、まず初めにご病気から回復されたことを、心よりお喜び申し上げます。

アン：感謝します。

報道員Ａ：王女様のお考えでは、欧州の経済問題について、連邦化は解決策となりえますでしょうか？

アン：欧州の協力関係が緊密になるのであれば、いかなる政策にも賛成です。

報道員Ｂ：では、国家間の友好関係についてはどのような展望をお持ちですか？

アン：変わらないものと信じています。人と人との間の友情を信じているのと同じように。

---

ain't：am [are、is、have、has] not の短縮形
＊アービングは会場の応接室を見て、その広さと豪華さに驚き、home「家」と皮肉っている。

outset：着手、手始め。at [from] the outset で「最初は［に］」。

solution：解決、解決法［策］

in favor of A：Aに賛成して、を支持して

outlook：見解、見とおし

faith：信頼、信用

JOE	May I say, speaking from my own press service, we believe that Your Highness' faith will not be unjustified.
ANN	I am so glad to hear you say it.
CORRESPONDENT C	Which of the cities visited did Your Highness enjoy the most?
GENERAL	Each in its own way...
ANN	Each in its own way was... unforgettable. It would be difficult to... Rome! By all means, Rome! I will cherish my visit here in memory as long as I live.
CORRESPONDENT D	Despite your indisposition, Your Highness?
ANN	Despite that.
M.C.	Photographs may now be taken.
AMBASSADOR	Thank you, ladies and gentlemen. Thank you very much.
ANN	I would now like to meet some of the ladies and gentlemen of the press.
PRESS A	Hitchcock, Chicago Daily News.
ANN	I'm so happy to see you.
PRESS B	Scanziani de La Suisse.
PRESS C	Klinger, Deutsche Presse Agentur.

ジョー：失礼ですが、わが社を代表して述べさせていただきますと、王女様のご信頼は決して裏切られることはないでしょう。

アン：その言葉をお聞きできて嬉しく思います。

報道員Ｃ：ご訪問された都市の中で、どこが一番お気に召されましたか？

将軍：それぞれその街なりに……。

each：それぞれの。分かっているふたつ以上の人［もの］について個々に取り立てて言う時に用い、every より個別性が強い。
by all (manner of) means：必ず、ぜひ

despite：〜にもかかわらず。in spite of でも言い換えられる。

アン：それぞれその街なりに……忘れられない思い出があります。ひとつだけを選ぶというのは……。ローマです！　何と言ってもローマ！　ここを訪れた思い出を一生懐かしむことでしょう。

報道員Ｄ：ご病気だったにもかかわらず？

アン：そうです。

司会者：これから写真撮影に入ります。

大使：皆様、ありがとうございました。感謝いたします。

アン：記者の皆様にごあいさつしたいわ。

記者Ａ：シカゴ・デイリー・ニューズのヒッチコックです。
アン：お会いできて光栄です、ヒッチコックさん。

記者Ｂ：ラ・スイスのスカンジアーニです。

記者Ｃ：ドイツ通信社のクリンガーです。

＊記者会見のシーンでは本物の記者が出演したと言われている。

PRESS D	Maurice Montaberis, Le Figaro.
PRESS E	Sytske Galema of De Line, Amsterdam.
PRESS F	Jacques Ferris, Ici Paris.
PRESS G	Gross, Davar Tel Aviv.
PRESS H	Cortes Cavanillas, ABC Madrid.
PRESS I	Lampe, New York Herald Tribune.
ANN	Good afternoon.
IRVING	Irving Radovich, C.R. Photo Service.
ANN	How do you do?
IRVING	Er, may I present Your Highness with some commemorative photos of your visit to Rome?
ANN	Thank you so very much.
JOE	Joe Bradley, American News Service.
ANN	So happy, Mr. Bradley.
PRESS J	Moriones, La Vangurdia, Barcelona.
PRESS K	Stephen House, The London Exchange Telegraph.
ANN	Good afternoon.
PRESS L	De Aldisio, Agent de Press.

記者D：フィガロのモーリス・モンタブレです。

記者E：アムステルダムのデ・リニィのシスケ・ハレマです。

記者F：イシィ・パリのジャック・フェリエです。

記者G：ダバル・テルアビブのグロスです。

記者H：ABCマドリードのコルテス・カバニージャスです。

記者I：ニューヨーク・ヘラルド・トリビューンのランペです。

アン：ごきげんよう。

アービング：C.R. フォト・サービスのアービング・ラドヴィッチです。

アン：はじめまして。

アービング：あの、王女様にお渡ししたいものが。ローマご訪問の記念のお写真です。

アン：どうもありがとう。

ジョー：アメリカ時報のジョー・ブラッドレーです。

アン：光栄ですわ、ブラッドレーさん。

記者J：バルセロナのラ・バンガルディアのモリオネスです。

記者K：ロンドン・エクスチェンジ・テレグラフのスティーブン・ハウスです。

アン：ごきげんよう。

記者L：通信員のデ・アルディシオです。

ラクラク覚える 英会話
ローマの休日

2021年12月18日発行

発行人：杉原葉子
編集人：金田宏昭
編集：牛島由佳梨
編者：名作映画で英会話編集室

発行：株式会社コスミック出版
〒154-0002　東京都世田谷区下馬6-15-4
TEL 03(5432)7081〔代表〕
FAX 03(5432)7088
振替口座／00110-8-611382
URL http://www.cosmicpub.com/

字幕・テキスト制作：Wise-Infinity Inc.
デザイン：葛西剛（コスミック出版）
印刷・製本：株式会社リーブルテック

ISBN 978-4-7747-9252-1 C0082